STORY WRITING SENSE 04

• 한일

Wisconsin 주립대학 TESOL(B.A)
Columbia University TESOL(M.A)
PBG (Practical Based Grammar) Teaching 개발
Story Writing & Academic Writing Program 개발
KCU with 연세대학교 겸임 교수
EBS '한국에서 유일한 기초영문법' 강의
www.EBSlang.co.kr

STORY WRITING SENSE_04
One Winter Day

초판 3쇄 발행 2009년 11월 25일

지은이 　한일
펴낸이 　신성현, 오상욱
만든이 　남영림, 윤은아, 이기은
펴낸곳 　도서출판 아이엠북스
　　　　153-802 서울시 금천구 가산동 327-32 대륭테크노타운 12차 1116호
　　　　Tel. (02)6343-0999　Fax. (02)6343-0995
북디자인 　Design Didot 디자인 디도
출판등록 　2006년 6월 7일 제 313-2006-000122호
ISBN 978-89-92334-05-1 14740

저자와의 협의에 따라 인지는 붙이지 않습니다.
잘못된 책은 구입하신 곳에서 교환해 드립니다.
이 책에 게재된 내용의 일부 또는 전체를 무단으로 복제 및 발췌하는 것을 금합니다.

www.iambooks.co.kr

STORY WRITING SENSE 04

One Winter Day

한일 지음

Contents

What is the Story Writing? 6

Construction & Character 8

Story One

영어의 단순한 2가지 구조 **Essential Part vs. Additional Part** 11
Preview the Story Sentence 14
Story Writing 주어 + 동사 (+ 목적어) 16
Review Sentence Writing 20

Story Two

Writing에 있어서 생명과도 같은 존재 **전치사** 23
Preview the Story Sentence 28
Story Writing 주어 + 동사 (+ 목적어) + 전치사 30
Review Sentence Writing 36

Story Three

쉬운 만큼 활용도가 높은 **Be동사** 39
Preview the Story Sentence 42
Story Writing 주어 + 동사 (+ 목적어) + 전치사 + Be동사 44
Review Sentence Writing 52

Story Four

이것과 저것을 비교하는 **비교급** ·· 55
Preview the Story Sentence ·· 60
Story Writing 주어 + 동사 (+ 목적어) + 전치사 + Be동사 + 비교급 ·········· 62
Review Sentence Writing ·· 70

Story Five

명사 자리에 쓴 문장 **명사절** ·· 73
Preview the Story Sentence ·· 76
Story Writing 주어 + 동사 (+ 목적어) + 전치사 + Be동사 + 비교급 + 명사절 ·········· 78
Review Sentence Writing ·· 86

Story Six

동사를 도와주는 동사 **조동사** ·· 89
Preview the Story Sentence ·· 92
Story Writing 주어 + 동사 (+ 목적어) + 전치사 + Be동사 + 비교급 + 명사절 + 조동사 ······ 94
Review Sentence Writing ·· 102

Story Word List ·· 105

Writing Guideline ·· 111

What is the Story Writing?

하나의 문장이 만들어지기 위해서는 반드시 그 시작점이 있습니다. 영어도 마찬가지입니다. 영어는 두 개의 단어로 문장을 시작합니다.

I like.
주어 동사

He cleaned.
주어 동사

Plants grow.
주어 동사

They operated.
주어 동사

Story Writing은 문장이 만들어지는 가장 기본적인 시작점, 즉 두 개의 단어를 시작점으로 출발하여 한편의 Story를 만들어갑니다.

하나의 문장이 두 개의 단어로 출발하여 어떠한 문법적인 경로를 통해서 길어지는지, 또 각각의 문법들은 서로 어떠한 경로를 통해서 구조적으로 긴밀하게 연결되는지, 그렇게 상호 긴밀히 연결된 문법들이 글의 내용과 수준에 어떠한 영향을 미치는지 한편의 Story를 완성시켜 가면서 살펴보게 됩니다.

처음에는 두 개의 단어로 구성된 20~30분 분량의 짧은 Story를 만나게 됩니다. 이후 이 짧은 Story가 길어지기 위해서 필요한 문법들을 만나고, Story의 구조도 더욱 정교해지며, 전달하고자하는 내용도 자세해지는 과정을 겪게 됩니다.

Story Writing은 Story One이 Story Two를 쓸 수 있는 바탕을 마련해줍니다. 또한 Story One과 Story Two는 Story Three를 쓸 수 있는 바탕을 마련해 줍니다.

각각의 Story가 더해갈수록 글의 길이는 길어지고, 요구되는 문법도 복잡해집니다. 단계별로 문법적 요소를 첨가해가면, 구조적으로 풍부한 한편의 Story를 완성하게 되고, 2시간 분량의 Story를 쓸 수 있는 능력을 키우도록 도와줍니다.

Story Writing에서 문법을 요구하는 이유는 Writing과 문법과의 긴밀한 연결 관계를 느끼게 하기 위해서입니다. 각각의 Story가 더해가면서 요구되는 문법을 차례대로 공부하다보면 문법에도 어떠한 문법이 먼저이고, 어떠한 문법이 나중인지, 문법에도 순서가 있음을 느끼게 될 것입니다.

각각의 Story를 쓰기 위해서 실생활에서 사용 비중이 높은 문법들이 소개되어 있습니다.

여러분은 Story Writing에서 단지 Writing에만 집중할 것이 아니라, 각각의 Story마다 제시된 문법과도 친숙해 지기를 바랍니다.

Story Writing의 가장 큰 장점은 영어문장을 체계적으로 바라볼 수 있는 시야를 지닌다는 것입니다. 영어문장을 체계적으로 관리할 수 있는 능력은 바로 Writing과 Reading에 직접적인 영향을 끼칩니다.

Story Writing을 통해 여러분은 결국 2시간 이상의 Writing을 할 수 있는 능력을 가지게 될 것입니다. 또한 Story가 어떠한 문법적인 경로를 통해 길어졌는지를 알 수 있다면, 여러분은 틀림없이 어떠한 Writing이라도 할 수 있다는 자신감을 가지게 될 것입니다.

Composition & Character

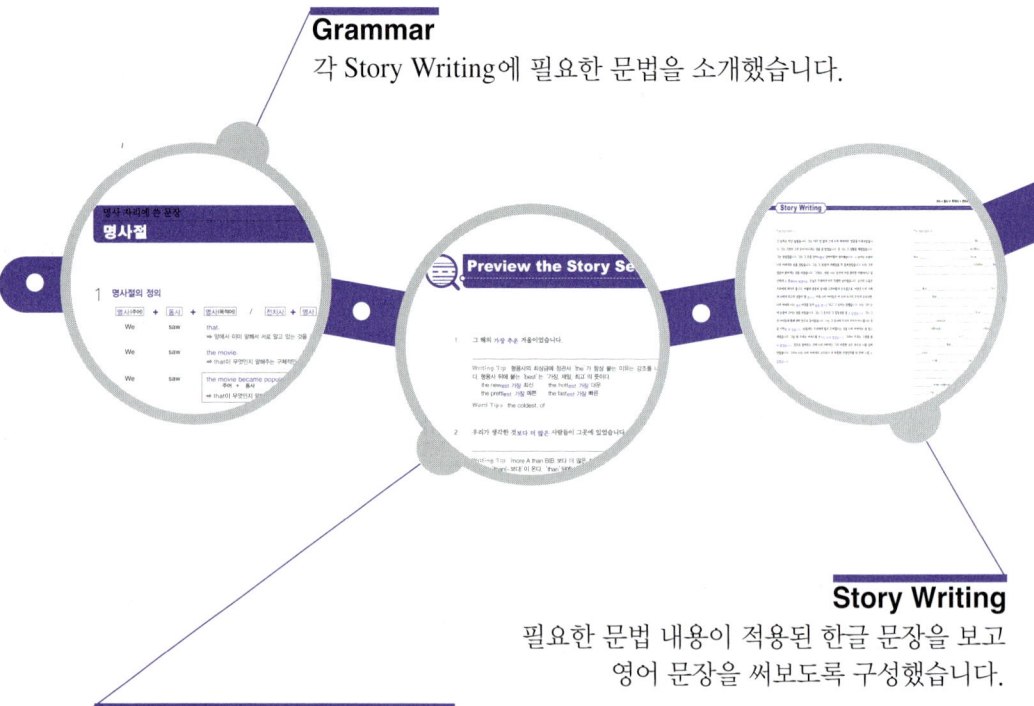

Grammar
각 Story Writing에 필요한 문법을 소개했습니다.

Story Writing
필요한 문법 내용이 적용된 한글 문장을 보고
영어 문장을 써보도록 구성했습니다.

Preview the Story Sentence
정확한 내용 전달을 위하여 적절한 어휘의 선택과 표현 방법 등의
설명이 필요한 문장을 Story에서 선별하여 소개했습니다.

Review Sentence Writing
학습한 문법을 활용하여 다양한 문장을 써보도록 구성했습니다.

Guideline
여러분이 완성한 문장과 비교할 수 있도록 빈칸이 채워진 문장을 제시했습니다.

Word List
Story의 내용을 다시 한 번 상기할 수 있도록, 각 Story의 전개 순서에 맞추어 어휘 및 어구를 제시했습니다.

Story One

영어의 단순한 2가지 구조

Essential Part vs. Additional Part

영어의 단순한 2가지 구조
Essential Part vs. Additional Part

1. 영어로 문장을 쓰고 싶다

영어로 쓰고 싶은 문장에서 가장 먼저 첫 번째(주어)와 두 번째(동사) 오는 단어를 찾아야 한다.

다음 한국어 문장에서 첫 번째(주어)와 두 번째(동사) 오는 단어를 살펴보자.

| 그들은 운전한다. | → | ₁그들은 | ₂운전한다 |
| 우리는 논다. | → | ₁우리는 | ₂논다 |

다음 영어 문장에서 첫 번째(주어)와 두 번째(동사) 오는 단어를 살펴보자.

| They drive. | → | ₁They | ₂drive |
| We play. | → | ₁We | ₂play |

▶ 두 개의 단어 즉, 주어와 동사로 구성된 문장에서 단어의 배치 순서는 한국어와 영어가 똑같다.

2. Essential Part vs. Additional Part

(1) Essential Part 문장에서 첫 번째(주어)와 두 번째(동사) 오는 단어로 이루어진 부분으로 단어의 배치 순서는 한국어와 동일하며, 두 개의 단어 중 하나의 단어라도 빠지면 문법적으로 틀린 문장이 된다.

₁My friend	₂sent. (○)	→	~~My friend~~ sent. (×)
		→	My friend ~~sent~~. (×)
₁I	₂guessed. (○)	→	~~I~~ guessed. (×)
		→	I ~~guessed~~. (×)
₁Tom	₂knew. (○)	→	Tom ~~knew~~. (×)
		→	~~Tom~~ knew. (×)

다음 한국어 문장에서 첫 번째(주어)와 두 번째(동사), 세 번째(목적어) 오는 단어를 살펴보자.

| 그들은 자동차를 운전한다. | → | ₁그들은 | ₃자동차를 | ₂운전한다 |
| 나는 영어를 공부한다. | → | ₁나는 | ₃영어를 | ₂공부한다 |

다음 한국어 문장에서 첫 번째(주어)와 두 번째(동사), 세 번째(목적어) 오는 단어를 살펴보자.

| They drive a car. | → | ₁They | ₂drive | ₃a car |
| I study English. | → | ₁I | ₂study | ₃English |

● 영어는 순서를 중요하게 생각하기 때문에 첫 번째(주어)와 두 번째(동사) 오는 단어의 위치가 정해지면 세 번째 단어는 세 번째 자리에 와야 한다.

₁My friend	₂sent	₃a postcard.
₁I	₂guessed	₃the answer.
₁Tom	₂knew	₃the fact.

(2) **Additional Part** 문장에서 첫 번째(주어)와 두 번째(동사), 세 번째(목적어) 오는 단어 이후의 부분으로 단어가 빠지더라도 문법적으로 전혀 영향을 받지 않으며, 반드시 전치사로 시작한다.

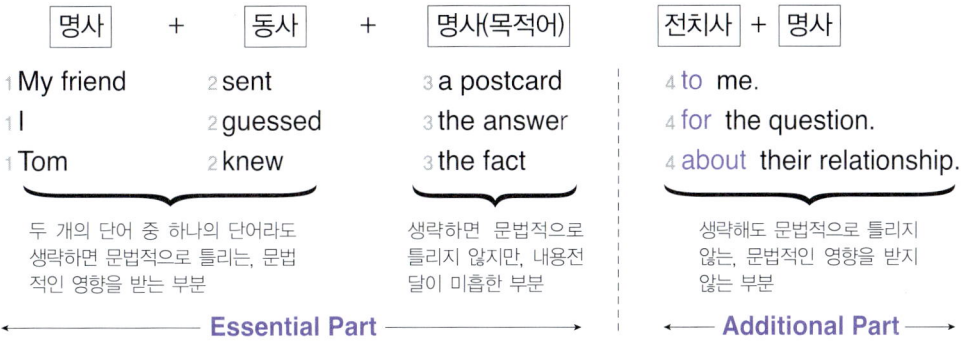

3 영어로 문장을 길게 쓰고 싶다

(1) 문법적인 영향을 받지 않는 Additional Part, '전치사+명사'를 사용해서 영어 문장을 얼마든지 더 길게 쓸 수 있다.

₁My friend ₂sent ₃a postcard to me from Japan with the package on Monday.

(2) 영어 문장을 길게 쓰기위한 '전치사+명사'는 Additional Part로 생략해도 문법적으로 전혀 영향을 받지 않는 부분이다.

My friend sent a postcard ~~to me~~ from Japan with the package on Monday. (O)
My friend sent a postcard to me ~~from Japan~~ with the package on Monday. (O)
My friend sent a postcard to me from Japan ~~with the package~~ on Monday. (O)
My friend sent a postcard to me from Japan with the package ~~on Monday~~. (O)

Preview the Story Sentence

1. 그들은 **강을 건넜습니다**.

   Writing Tip 동사 'cross'는 '~을 건너다'의 뜻으로 '~을 가로질러서'의 뜻으로 쓰이는 전치사 'across'와 혼돈하지 않도록 주의해야 한다. 'river' 앞에 정관사 'the'를 붙여서 서로 이미 알고 있는 지역을 나타내거나 강조의 의미를 나타낸다.

   Word Tips crossed

2. 아이들은 부모 **주변**을 뛰어 다녔습니다.

   Writing Tip '~주위, 주변'을 표현할 때는 전치사 'around'를 쓴다.
   　내 주위 around me　　집 주위 around the house　　나의 허리 주위 around my waist

   Word Tips around

3. **매표소 안에 있는** 여자가 그에게 입장권 가격을 말해주었습니다.

   Writing Tip '전치사 + 명사', 즉 '부연 설명'은 명사 뒤에 쓸 수 있다. 그러므로 명사 'the woman' 뒤에 '전치사 + 명사'를 쓸 수 있다. 매표소는 'ticket booth' 또는 'window'로 나타내며, 여러 사람이 함께 사용하는 곳이기 때문에 공공의 개념을 나타내는 정관사 'the'를 쓴다.

   Word Tips ticket booth, ticket price

4. 그 아이들은 그들의 아버지를 **기다렸습니다**.

   Writing Tip '~을 기다리다'를 표현할 때는 동사 'wait'만 써서는 안 되고 항상 전치사 'for'와 함께 써야한다.

   Word Tips waited for

5   그는 **절망을 느꼈습니다**.

Writing Tip 동사 'feel' 뒤에는 형용사도 올 수 있고, 명사도 올 수 있다. 그러므로 형용사 'hopeless'를 써도 되고, 명사 'hopelessness'를 써도 된다. 'despair'는 절망과 함께 자포자기의 의미도 함께 가지고 있다.

Word Tips hopelessness/despair

6   그는 **그 남자의 어깨를 두드렸습니다**.

Writing Tip 사람의 신체 부위를 건드리거나 두드릴 때는 일반적으로 그 사람을 먼저 쓰고, 그 다음 신체 부위를 전치사 'on, in, at'과 함께 쓴다.

Word Tips tapped, on

7   당신이 이것들을 **떨어뜨렸습니다**.

Writing Tip '떨어뜨리다'를 표현할 때 'drop' 대신 'fall'을 쓰지 않도록 주의해야 한다. 'drop'은 '방울져 떨어지다, 덩어리가 되어서 떨어지다, 작은 물건이 떨어지다'는 뜻을 나타내지만, 동사 'fall'은 '무너지다, 전체가 내려앉다, 큰 물건이 쓰러지듯 떨어지다'는 뜻을 나타낸다.

Word Tips dropped

8   당신은 **나에게 의미 있는 선물을 주었소**.

Writing Tip 'gift'는 일반적으로 가벼운 선물을 이야기하며, 'present'는 좀 비싸고 특정한 날을 기념하기 위한 정식의 선물을 이야기할 때 주로 쓴다.
수여동사 'gave'는 'gave+명사(직접목적어)+전치사+명사(간접목적어)' 형태로 쓸 수도 있고, 'gave+명사(간접목적어)+명사(직접목적어)' 형태로 쓸 수도 있다.

Word Tips meaningful gift

9   나는 **무엇인가 따뜻함을** 마음속에 느꼈습니다.

Writing Tip 'something, anything, nothing'과 같은 단어는 형용사 앞에 쓴다. 문법적으로 말하자면 형용사의 수식을 뒤에서 받는다.
    Anything good? 뭐 좋은 거니?   Nothing wrong! 잘못된 것 없어!
    Something wrong? 뭐 잘못 됐니?

Word Tips felt, warm, heart

Go on to the 112 page

Story Writing

Paragraph 1

₁아버지와 나는 그곳에 ₂갔습니다. ₁한 가족이 줄을 서서 ₂기다리고 있었습니다. ₁그 가족은 그들의 순서를 ₂기다리고 있었습니다. ₁여섯 명의 아이들과 그들의 부모는 Oneida 마을에 ₂살았습니다. ₁그들은 강을 ₂건넜습니다. ₁그 가족은 아주 행복해 ₂보였습니다. ₁그 아이들의 부모는 서로의 손을 ₂잡았고, ₁아이들은 주변을 ₂뛰어 다녔습니다.

Paragraph 2

₁그 아이들의 아버지는 매표창구로 ₂걸어갔습니다. 매표창구 안에 있는 ₁여자가, "₁당신 몇 장의 입장권이 ₂필요합니까?"라고 ₂물었습니다. ₁그 남자는 "₁나는 여덟 장이 ₂필요합니다"라고 ₂말했습니다. 매표소 안에 있는 ₁여자가 그에게 입장권 가격을 ₂말해주었습니다. 그 순간, ₁그 아이들의 어머니는 그녀의 남편을 ₂바라보았습니다. ₁그는 다시 ₂물었습니다. "얼마라구요?" 매표소 안에 있는 ₁그 여자가 다시 그 입장권 가격을 ₂말했습니다. ₁그 남자는 그의 돈을 모두 ₂꺼냈습니다. ₁한 깊은 침묵이 ₂흘렀습니다. ₁그는 충분한 돈이 ₂없었습니다. ₁그 아이들은 이미 입구로 ₂뛰어갔습니다. ₁그 아이들은 그들의 아버지를 ₂기다렸습니다.

주어 + 동사 (+ 목적어)

Paragraph 1

_____ _____ and I _____ _____. A _____ _____ in _____. The _____ _____ _____ their _____. The _____ _____ and _____ _____ _____ _____ Oneida Village. _____ _____ the _____. The _____ _____ _____ happy. The _____ _____ held _____ _____ _____ and the _____ _____ _____.

Paragraph 2

The _____ _____ _____ up _____ _____ _____. A _____ in _____ _____ _____, "How _____ _____ do _____ _____?" "I _____ _____ tickets," the _____ _____. The _____ in the _____ _____ him the _____ _____. At _____ _____, the _____ _____ _____ _____ her _____. He _____ _____, "_____ _____?" The _____ in the _____ _____ _____ the _____ _____ _____. The _____ _____ _____ all _____ _____. A deep _____ _____. He _____ not _____ _____. The children _____ _____ _____ the _____. The _____ _____ _____ their _____.

Go on to the 112 page

Story Writing

Paragraph 3

₁그 남자는 그의 아내와 아이들을 ₂바라보았습니다. ₁아이들은 그들의 아버지를 ₂바라보았습니다. ₁그는 절망을 ₂느꼈습니다. 바로 그때, ₁나의 아버지가 20달러 지폐 두 장을 ₂떨어뜨렸습니다. 그리고 그 남자의 어깨를 ₂두드렸습니다. "실례합니다만, ₁당신이 이것들을 ₂떨어뜨렸습니다. 서두르세요. ₁서커스가 곧 ₂시작해요." ₁나의 아버지가 ₂말했습니다.

Paragraph 4

₁그 남자는 나의 아버지의 얼굴을 ₂바라보았습니다. 곧 ₁그는 그 상황을 ₂깨달았습니다. ₁그 남자는 나의 아버지의 손을 ₂잡았습니다. ₁그는 그 20달러 지폐들을 ₂움켜잡았습니다. 그리고 ₂말했습니다. "고맙소, 선생. ₁당신은 정말로 나에게 의미 있는 선물을 ₂주었소." ₁나는 그의 눈물 어린 눈을 ₂보았습니다. 그 당시 ₁우리는 부자가 ₂아니었습니다. 그날 밤, ₁우리는 서커스를 ₂보지 않았습니다. 그러나 ₁나는 마음속에 무엇인가 따뜻한 것을 ₂느꼈습니다.

주어 + 동사 (+ 목적어)

Paragraph 3

The _____ _____ at _____ _____ and _____. The _____ _____ _____ their _____. He _____ _____. _____ _____, my _____ _____ two _____ _____ and _____ the ___ on ___ _____. "_____ _____, but you _____ _____. _____ up! The _____ _____ soon," _____ _____ said.

Paragraph 4

The man _____ _____ my _____ _____. _____ he _____ the _____. The _____ _____ my _____ _____. He _____ the _____ _____ and _____, "_____ you, Sir. You _____ _____ a _____ _____ to me". I _____ _____ _____ eyes. We _____ not _____ _____ _____ _____. _____ _____, we _____ _____ _____ the _____, but I _____ _____ _____ _____ my _____.

Go on to the 112 page

Review Sentence Writing

1 ₁나의 친구들과 나는 미술관을 ₂방문했습니다.

2 ₁그들은 저녁식사를 ₂즐겼습니다.

3 ₁나는 치마를 ₂샀습니다.

4 ₁우리는 케이크를 ₂만들었습니다.

5 ₁우리 가족은 여행을 ₂좋아합니다.

6 ₁라스베이거스는 많은 흥미 있는 장소를 ₂가지고 있습니다.

Word Tips 1. visited, art gallery 2. enjoyed 3. a skirt 4. made 5. traveling 6. interesting places

7   ₁그녀는 당신의 도움이 ₂필요했습니다.

8   ₁나는 전쟁을 ₂싫어합니다.

9   ₁내 친구는 컴퓨터 게임을 ₂좋아합니다.

10   ₁나는 우리 아버지를 ₂존경합니다.

11   ₁Marsha는 그녀의 부모님에게 ₂전화했습니다.

12   ₁Sarah는 설거지를 ₂했습니다.

13   ₁우리는 여유시간이 ₂있다.

14   ₁Christie는 영국 영어를 ₂배웠습니다.

Word Tips 7. your help   8. hate   9. roommate   10. respect   11. called   12. did   13. extra time
14. studied, British

15 ₁누가 답을 ₂알고 있니?

16 ₁아버지와 나는 콘서트 입장권을 ₂샀습니다.

17 ₁저 남자가 이걸 ₂팔았어요.

18 ₁나는 피아노를 ₂연주했습니다.

19 ₁그는 아무 ₂말도 안 했어요.

20 ₁나는 따뜻한 날씨를 ₂너무 좋아합니다.

Go on to the 112 page

Word Tips 15. knows 16. concert tickets 17. sold 18. played 19. nothing 20. love

Story Two

Writing에 있어서
생명과도 같은 존재
전치사

전치사

Writing에 있어서 생명과도 같은 존재

1 가장 이상적인 문장의 단어 배열

한국어를 영어로 옮길 때 미세한 감정전달까지는 힘들지만, 정확한 단어의 배열만으로도 의미 전달은 가능하다.

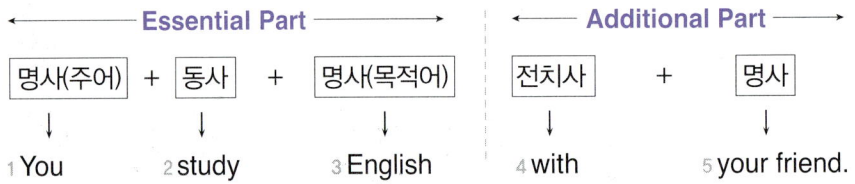

2 전치사의 위치

(1) Essential Part 뒤, 즉 첫 번째(주어)와 두 번째(동사), 세 번째(목적어) 오는 단어로 이루어진 부분이 끝나는 문장의 뒤에 주로 위치한다.

₁The restaurant ₂offers ₃a good salad ₄with other food.

(2) 명사의 뒤에 쓸 수 있다.

₁The restaurant by(next to) our office across the street ₂offers ₃a good salad
　　　　명사　　　　　　　　　　　명사　　　　　　　　　　　　　　　　　　명사
with other food.
　　　　명사

3 전치사의 성격

(1) 문장을 길게 쓰는데 결정적인 역할을 한다.

₁The restaurant by(next to) our office across the street ₂offers ₃a good salad
　　　　　　　　　～옆에　　　　　　　　　　～을 건너

with other food for people in the town after 2p.m. from Monday to Thursday.
～와 함께　　～을 위하여　～안에　　　～뒤에　　　　～로부터　　　～까지

(2) Additional Part로 생략해도 문법적으로 전혀 영향을 받지 않는다.

₁ The restaurant ~~by(next to) our office~~ across the street ₂ offers ₃ a good salad ~~with other food~~ for people ~~in the town~~ after 2p.m. from Monday to Thursday.

4 전치사의 종류

- 학기말 시험에 대해서: about the final exam
- 평균 이상으로: above the average
- 그 길을 건너서: across the street

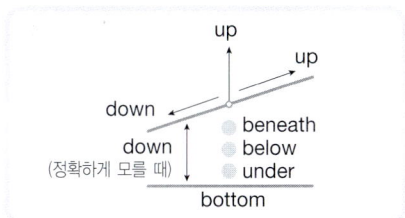

- 평균 점수 아래: below the average score
- 얇은 종이 밑에: beneath the thin paper
- 그 상황 아래에: under the situation
- 길 아래로: down the street
- 정문 옆에: next to / by / beside the main entrance
  * 'next to'는 바로 붙어있는 옆으로, 'by'보다 더 가까운 옆을 나타낸다.
- 나무 사이에: between / among the trees
  * 'between'은 '둘 사이'를 나타내며, 'among'은 '셋 이상 사이'를 나타낸다.
- 오후 두 시까지: by / till / until 2p.m.
  * 'by'는 일상적인 표현을 나타내며, 'until'은 정식의 표현으로 강한 어조를 나타낸다.

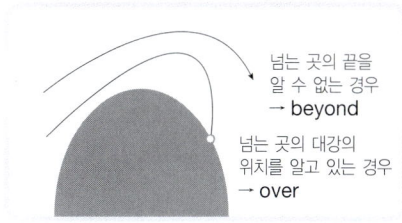

- 상상을 넘어서: beyond our imaginations

Writing에 있어서 생명과도 같은 존재 **전치사**

- 언덕 넘어서: over the hill
- 그로 인해서: by him
  * 수동태와 함께 쓰인다.
- 어려움에도 불구하고: despite difficulties
- 봄 방학 동안에: during the spring vacation
  * 뒤에 숫자를 쓸 수 없으며, 과거의 특정한 시간대와 관련된다.
- 너를 위해서: for you
- 10년 동안: for 10 years
- 과거로부터: from the past
- 2008년에(년도): in 2008
- 21세기에: in the 21st century
- 겨울에(계절): in the winter
- 10월에(달): in October
- 미래에: in the future
  현재에: in the present
  과거에: in the past
- 아침에: in the morning
  낮에: in the afternoon
  저녁에: in the evening
  * 밤에: at night

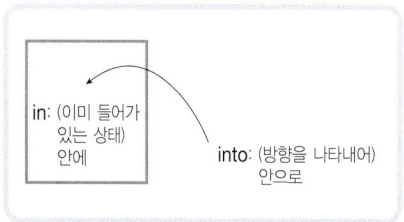

- 회의실 안에: in the meeting room
  사진 속에: in the picture
- 방 안으로: into the room
- 안내소 근처에: near the information desk
- 무대 위에: on the stage

- 수요일에(요일): on Wednesday
  * 수요일 아침에: on Wednesday morning

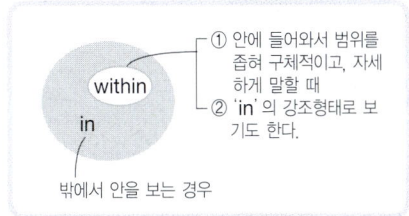

- 그 구역 안에: within the area
- 돈 없이: without money
- 나의 마음과 함께: with my heart
- 그의 돈을 가지고: with his money
- 그들처럼: like them
- 점심식사 후에: after lunch
- 일몰 전에: before sunset
- 스튜디오에/쪽으로: to studio
- 우리를 향하여: toward us
- 그 문을 통하여: through the door
- 그의 삶 전체에 걸쳐서: throughout his life
- 베일 뒤에서: behind a veil
- 내 주위에: around me
- 관심밖에: out concern
- 나의 일에서 벗어나: off my work
- 그 강을 따라서: along the river
- 너의 직장에서: at your work
  12시 정각에: at 12 o'clock
- 여인의 향기: the scent of a woman(=a woman's scent)
  * 강조의 의미로 정관사 'that'와 함께 쓴다.
- 그 문에 기대어서: against the door
- 나에게 반대하여: against me

Preview the Story Sentence

1   한 가족이 우리 앞에서 줄을 서서 기다렸습니다.

_____

Writing Tip '줄을 서서 기다린다'고 표현할 때는 'wait in line'을 사용한다. '~앞에서'는 'in front of'와 'before' 두 가지 표현으로 나타낼 수 있는데, 'In front of'가 생활 속에서 자주 사용되는데 비해 'before'는 'In front of' 보다 좀 더 딱딱한 말투를 나타낸다.

Word Tips in line, in front of

2   그 아이들의 아버지는 매표창구로 걸어갔습니다.

_____

Writing Tip '~로 걸어가다'는 'walk to'와 'walk up to' 두 가지 표현으로 나타낼 수 있다. 'walk to'는 '그냥 그 방향으로 걸어가다'는 의미를 나타내지만, 'walk up to'는 '그 방향으로 망설이지 않고 걸어가는 모습과 바싹 그 곳에 다가가는 느낌'을 나타낸다.

Word Tips walked up to

3   그 남자는 그의 호주머니로부터 그의 돈을 모두 꺼냈습니다.

_____

Writing Tip '~을 꺼내다'는 'take out'으로 표현한다. 'all'을 쓰는 방법은 두 가지로 'all + of + 명사' 그리고 'all + 소유격 + 명사' 중에 하나를 쓰면 된다. '호주머니 속에 있는 돈'을 표현할 때는 'money in the pocket'을 쓰지만, '호주머니로부터 돈이 나가는 경우'를 표현할 때는 'the money from his pocket'으로 쓴다.

Word Tips took out, from (in), pocket

4   한 깊은 침묵이 그 남편과 아내 사이에 흘렀습니다.

_____

Writing Tip '흐르다'라는 뜻을 지닌 동사 'flow'의 과거는 'flowed'이다. 'flew'는 '날다'라는 뜻을 지닌 동사 'fly'의 과거이므로 혼돈하지 않도록 주의해야 한다. 두 사람, 두 물건처럼 둘 사이를 나타낼 때는 전치사 'between'을 쓰지만, 셋 이상 사이를 나타낼 때는 전치사 'among'을 쓴다.

Word Tips silence, flowed, between

5 당신이 당신의 호주머니로부터 이것들을 떨어뜨렸습니다.

Writing Tip '~로 부터'를 표현할 때는 전치사 'from'을 쓴다. 전치사 'from' 뒤에는 명사, 즉 전치사의 목적어가 붙는다. 이렇게 만들어진 '전치사 from + 명사'는 문장 앞과 뒤 그리고 명사 뒤에 자유롭게 쓰일 수 있다. 전치사가 문장 뒤쪽에 보이면 전체 문장이 마무리 되어 간다고 볼 수 있다.

Word Tips from, pocket

6 나는 그의 눈 속에서 눈물을 보았습니다.

Writing Tip 사람의 눈은 일반적으로 복수 'eyes'로 쓴다. '눈물'도 일반적으로 복수 'tears'로 쓴다. '눈물'을 단수로 쓸 때는 'teardrop'이라고 쓴다. 'tear' 자체를 단수로 쓰는 표현으로 'squeeze out a tear(눈물을 쥐어짜다)'가 있다.

Word Tips tears, in

7 그는 그 돈으로 그 입장권을 샀습니다.

Writing Tip 전치사 'with'는 '~을 가지고, ~와 함께, ~와 같이'라는 뜻을 가지고 있다. '~을 가지고'라는 의미가 있다고 해서 동사 'have'를 직접 쓰지 않도록 주의해야 한다. 한국말로는 동사처럼 들리지만 전체 문장의 내용을 보고 판단해야 한다.

Word Tips bought

> Go on to the 112 page

Story Writing

Paragraph 1

아버지와 나는 매표소의 앞에 서있었습니다. 한 가족이 우리의 앞에서 줄을 서서 기다렸습니다. 그 가족의 아이들은 서커스에 대해서 이야기했습니다. 여섯 명의 아이들과 그들의 부모는 Oneida 마을로부터 왔습니다. 추운 날씨에도 불구하고 그들은 그들의 마을로부터 강을 건넜습니다. 그 가족은 아주 행복해 보였습니다. 그 아이들의 부모는 서로의 손을 잡았고, 아이들은 그들의 부모 주위에서 뛰어 다녔습니다.

주어 + 동사 (+ 목적어) + **전치사**

Paragraph 1

My _____ and ___ _____ ____ _____ ____ the _____ _____.
A _____ _____ ____ line ____ _____ ____ us. The _____ of
____ _____ _____ _____ the _____. The ____ _____ and
_____ _____ ____ ____ _____ _____. _____ the cold
_____, ____ _____ the _____ ____ their village. The _____
_____ very _____. The _____ _____ ____ each _____
_____ and the _____ ____ _____ their _____.

Story Writing

Paragraph 2

그 아이들의 아버지는 매표창구로 걸어갔습니다. 매표창구 안에 있는 여자가 "당신은 몇 장의 입장권이 필요합니까?"라고 그 남자에게 물었습니다. 그 남자는 "나는 나의 아이들을 위해서 여섯 장 그리고 나의 아내와 나를 위해서 두 장이 필요합니다"라고 말했습니다. 매표소 안에 있는 여자가 그에게 입장권 가격을 말했습니다. 그 순간에 아이들의 어머니는 그녀의 남편을 바라보았습니다. 그 남자는 떨리는 목소리로 다시 물었습니다. "얼마라구요?" 매표소 안에 있는 여자가 다시 입장권 가격을 말했습니다. 그 남자의 입술이 가늘게 떨렸습니다. 그 남자는 그의 호주머니로부터 그의 돈을 모두 꺼냈습니다. 한 깊은 침묵이 남편과 아내 사이에 흘렀습니다. 그는 충분한 돈이 없었습니다. 아이들은 이미 그 서커스 천막의 입구로 뛰어갔습니다. 그 아이들은 그들의 아버지가 서커스를 위해서 입장권을 샀다고 믿었습니다.

주어 + 동사 (+ 목적어) + **전치사**

Paragraph 2

The _____ _____ _____ ____ to ____ _____. The _____ in ____ _____ _____ the ____, "____ _____ _____ do ____ _____?" The ____ _____, "___ ____ _____ _____ for ____ _____ and ____ _____ for ____ _____ and ____." The _____ ____ the _____ _____ _____ ____ the _____ _____. ____ _____ _____ the _____ _____ _____ _____ ____ her _____. The ____ _____ _____ _____ _____ a _____ _____, "How _____?" The _____ in ____ _____ _____ _____ the _____ _____ _____. The _____ _____ _____ _____. The ____ ____ ____ all ____ _____ from ____ _____. A _____ _____ the _____ and _____. He ____ ____ _____ money. ____ _____ _____ _____ ____ the _____ of ____ _____ tent. The _____ _____ their _____ _____ the _____ for ____ _____.

Go on to the 113 page

Story Writing

Paragraph 3

그 남자는 그의 아내를 바라보았습니다. 그리고 아이들을 바라보았습니다. 아이들이 입구의 앞에서 그들의 아버지를 기다렸습니다. 그는 절망을 느꼈습니다. 바로 그때, 나의 아버지가 그의 재킷으로부터 20달러 지폐 두 장을 꺼내서 땅바닥에 그것들을 떨어뜨렸습니다. 나의 아버지는 그 남자의 어깨를 두드렸습니다. "실례합니다만, 당신이 당신의 호주머니로부터 이것들을 떨어뜨렸습니다. 서두르세요. 서커스가 곧 시작해요" 나의 아버지가 그 남자에게 말했습니다.

Paragraph 4

그 남자는 아무 말 없이 나의 아버지의 얼굴을 바라보았습니다. 곧 그는 그 상황을 깨달았습니다. 그 남자는 조용히 나의 아버지의 손을 잡았습니다. 그는 그 20달러 지폐들을 움켜잡고 말했습니다. "고맙소, 선생. 당신은 나의 가족과 나에게 정말로 의미 있는 선물을 주었소." 나는 그의 눈에서 눈물을 보았습니다. 그는 그 돈으로 그 입장권을 샀습니다. 그리고 그의 아이들과 함께 서커스 천막 안으로 들어갔습니다. 그 당시에 우리는 부자가 아니었습니다. 그날 밤 우리는 서커스를 보지 않았습니다. 그러나 나는 오랫동안 마음속 깊은 곳에 무엇인가 따뜻한 것을 느꼈습니다.

Paragraph 3

The _____ _____ ____ his _____ and _____ _____ the _____. The _____ _____ _____ their _____ in _____ _____ the _____. He _____ _____. _____ _____, my _____ _____ _____ _____ _____ _____ his _____ and _____ _____ _____ the _____. My father _____ the _____ _____ _____ _____."_____ me, but _____ _____ _____ from _____ _____. _____ _____! The _____ _____ _____," my _____ _____ _____ the _____.

Paragraph 4

_____ _____ _____ _____ my _____ _____ _____ _____ _____. _____ he _____ the _____. _____ _____ _____ my _____ _____ _____. _____ _____ the _____ and _____, "_____ _____, Sir. You _____ _____ a _____ _____ to _____ _____ and _____." I _____ _____ in _____ _____. He _____ the _____ _____ the _____ and _____ _____ the _____ _____ his _____. We _____ not _____ _____ _____ _____. _____ _____, we _____ _____ _____ the _____, but I _____ _____ _____ _____ my _____ _____ a _____ _____.

Review Sentence Writing

1   세상에는 많은 사람들이 살고 있습니다.

2   나는 서점에서 흥미로운 책을 발견했습니다.

3   나는 교실에서 그녀를 만났습니다.

4   나는 집에서 종종 조용한 음악을 듣습니다.

5   할아버지는 길 건너 병원에 가셨습니다.

6   나는 영화 보다가 쥐가 났다.

Word Tips 1. live in   2. interesting, at   3. in   4. listen to, quiet, at   5. went to, across   6. cramp, during

7　　나는 입에 가득 담은채로 말하는 것을 피했다.

_____

8　　그는 나와 약속했다.

_____

9　　사람들은 길 아래에 있는 근사한 음식점을 좋아한다.

_____

10　　누가 나에게 카드를 보냈니?

_____

11　　우리의 단기 기억은 새로운 정보를 7초간 기억합니다.

_____

12　　그 회계사는 장부에 있는 실수를 알아차렸습니다.

_____

13　　Julia는 대회에서 일등상을 받았습니다.

_____

14　　몇몇 학생들은 메달과 함께 장학금을 받았습니다.

_____

Word Tips 7. avoid, with, full　8. had, with　9. fancy, down　10. sent, to　11. short-term memory, stores, in
12. accountant, noticed, account book　13. won, first prize, tournament　14. had, scholarship, with

15 캘리포니아는 일 년 내내 좋은 날씨를 가지고 있습니다.
_____

16 나는 버스에 나의 지갑을 두고 왔어요.
_____

17 많은 사람들은 그 쇼를 위하여 예약을 했습니다.
_____

18 그것은 우리 주변의 공기를 오염시킵니다.
_____

19 나는 너의 생일을 위해서 무엇인가를 가지고 있다.
_____

20 우리는 시행착오를 통해서 이것을 배웠다.
_____

Word Tips 15. California, through 16. left, purse, in 17. made a reservation 18. pollutes, around
19. something for 20. the trial and error

Story Three

쉬운 만큼 활용도가 높은
Be동사

쉬운 만큼 활용도가 높은
Be동사

1 be동사의 수와 종류

'am, are, is, was, were, be' 6가지가 있다.

2 be동사의 뜻

(1) ~이다 ─────과거─────▶ ~이었다

You are attractive.　너는 매력적이다.
You were attractive.　너는 매력적이었다.

(2) ~있다 ─────과거─────▶ ~있었다

I am in the car.　나는 차 안에 있다.
I was in the car.　나는 차 안에 있었다.

(3) ~되다 ─────과거─────▶ ~되었다

▶ 사용빈도가 가장 적다. 왜냐하면 일반적으로 '~되다'로 사용되는 'become'이라는 동사를 선호해서 사용하기 때문이다.

You become a chairperson.　네가 회장이 되다.
You became a chairperson.　네가 회장이 되었다.

3 be동사의 사용

주어의 수(단수, 복수)와 인칭(1, 2, 3인칭)에 따라서 뒤에 오는 be동사가 결정된다.

주어		be동사
I 1인칭 단수		am / was
You 2인칭 단수, 복수	+	are / were
He, She, It, The car, Jane, A person 3인칭 단수		is / was
They, The cars, People 3인칭 복수		are / were

4 be동사의 문장 속 활용

(1) You be quiet!
  ➡ 강조해서 표현할 때 be동사의 'be'를 쓴다.
  ▶ 누구에게 이야기하는지 당연할 때 주어 'You'를 생략하고, 'Be quiet!'라고 한다.

(2) I want to be a teacher.
  ➡ to부정사에서 'to' 뒤에는 동사 원형이 온다.

(3) Jane or I am responsible.
  ➡ 'or'로 연결된 주어는 단수 취급하며, be동사에 가까운 주어에 맞추어서 be동사가 온다.

(4) Jane and I are responsible.
  ➡ 'and'로 연결되는 주어는 복수 취급한다.

(5) Who is/are responsible?
  ➡ 주어가 단수인지, 복수인지에 따라 둘 다 가능하다.

(6) You are korean.
  Are you Korean?
  ➡ be동사가 있는 의문문은 be동사를 문장 맨 앞으로 보낸다.

(7) I am rich.
  I am not rich.
  ➡ be동사가 있는 부정문은 be동사 뒤에 부정어 'not'을 쓴다.

5 be동사를 쓸 수 있는 4자리

(1) 명사 앞에 쓸 수 있다.   He is [my friend]. 그는 나의 친구이다.

(2) 형용사 앞에 쓸 수 있다.   It is [cheap]. 그것은 저렴하다.

(3) 전치사 앞에 쓸 수 있다.   I am [in] the class. 나는 교실 안에 있다.

(4) 현재분사, 과거분사 앞에 쓸 수 있다.   He is [seeing]. 그는 보는 중이다.
  ▶ be동사와 함께 진행형을 나타낸다.
  He is [cheated]. 그는 놀림 당했다.
  ▶ be동사와 함께 수동태를 나타낸다.

Preview the Story Sentence

1   나는 아버지와 함께 매표소 앞에 <u>서있는 중이었습니다</u>.

___

Writing Tip   동사 'stand'의 진행형(be동사+~ing) 표현은 be동사의 종류에 따라서 'am standing, is standing, are standing, was standing, were standing, be standing'으로 구분된다. 주어에 따라서 그 선택이 달라지는데 내용상 주어가 'I'이고, 시제가 과거이므로 'was standing'을 써야 한다. 전치사 'In front of'와 'with' 중에 무엇을 먼저 쓸지는 본인의 판단에 내용상 더 중요하다고 생각되는 것을 먼저 쓰면 된다.

Word Tips   was standing, in front of, with

2   많은 사람들이 이미 그곳에 <u>있었습니다</u>.

___

Writing Tip   '있다 또는 없다'를 나타낼 때는 일반적으로 'There is, There was, There are, There were'를 쓴다. 또는 'many people'을 바로 주어로 써서 문장을 만들 수도 있다.

Word Tips   already, there

3   그들은 Oneida 마을 <u>출신이었습니다</u>.

___

Writing Tip   사람이나 사물의 출신 또는 근원을 나타낼 때 주로 'be from'이나 'come from'을 쓴다. 'be from'은 태어나서 자란 곳 또는 발생지에 더 초점을 맞춘 것이고, 'come from'은 그 사람이나 물건의 성격을 말할 수 있는 특정 지역 또는 배경을 말할 때 주로 쓴다. 그러나 'be from'과 'come from'은 자주 서로 구별 없이 쓰인다.

Word Tips   were from

4   <u>그날 밤</u>은 그들에게 특별한 밤이었습니다.

___

Writing Tip   'that'은 강조의 어감을 가지고 있다. 그러므로 'I want the bag.'보다는 'I want that bag.'이 'the bag'을 더 강하게 원한다는 느낌을 전달한다. '그날 밤'이라는 표현도 마찬가지로 'The night'이라고 써도 좋지만, 강조의 어감을 살리고 싶다면 'That night'이라고 쓰면 된다.

Word Tips special night, for

5 그 남자의 **입술**이 가늘게 **떨리고 있었습니다**.

Writing Tip '입술'은 항상 복수 'lips'로 쓴다. 'eyes, ears, legs, trousers, scissors, twins'와 같이 한 쌍으로 이루어져 있는 명사들은 항상 복수로 쓴다. 'tremble'은 가늘고 얇게 떨리는 것을 나타내며, 'shake'는 좌우로 또는 위아래도 좀 크게 떨리는 것을 나타낸다.

Word Tips trembling, slightly

6 아이들은 입구의 **앞에 있었습니다**.

Writing Tip 'The children'을 주어로 써서 문장을 시작해도 되고, 'There were'로 문장을 시작해도 된다. '~앞에'라고 표현하기 위해서 전치사 'In front of' 대신에 전치사 'before'을 쓸 수 있다.

Word Tips were, the gate(entrance, circus gate, circus entrance)

7 이것은 나**에게** 큰 선물입니다.

Writing Tip '나에게'라고 표현하기 위해서 전치사 'to'를 쓰는 경우와 전치사 'for'를 쓰는 두 가지 경우가 있다. 방향에 중점을 두어서 표현할 때는 전치사 'to'를 쓰면 되고, 도움이나 위로 또는 혜택/이득에 중점을 두어서 표현할 때는 전치사 'for'를 쓰면 된다.

Word Tips big gift

8 40달러**는** 우리에게도 역시 많은 **돈**이었습니다.

Writing Tip 'money'는 항상 단수로 나타낸다. 왜냐하면 셀 수 없을 만큼 많기 때문이다. 그러나 'money'가 셀 수 있는 단계, 'coin(동전)'이나 'bill(지폐)'로 쪼개지면 'three coins, a coin, coins' 또는 'two bills, a bill, bills'처럼 셀 수 있게 된다.

Word Tips was, a lot of, too

Go on to the 113 page

Story Writing

Paragraph 1

나는 아버지와 함께 매표소 앞에 서있는 중이었습니다. 많은 사람들이 이미 그곳에 있었습니다. 나의 아버지와 내 앞에서 한 가족이 줄을 서서 기다리는 중이었습니다. 그 가족의 아이들은 서커스에 대해서 이야기하는 중이었습니다. 여섯 명의 아이들과 그들의 부모는 매우 행복해 보였습니다. 그들은 Oneida 마을 출신이었습니다. 그 당시 Oneida 마을은 가난한 마을이었습니다. 추운 날씨에도 불구하고 그들은 그들의 마을로부터 강을 건넜습니다. 그들의 옷은 비싸 보이지 않았지만 깨끗했습니다. 아이들은 모두 단정했습니다. 그날 밤은 그들에게 특별한 밤이었습니다.

주어 + 동사 (+ 목적어) + 전치사 + Be동사

Paragraph 1

___ ____ _____ ____ _____ of ____ _____ _____ ____ my _____. ____ people _____ _____ there. A _____ ____ _____ in _____ ____ _____ of ____ _____ and _____. The _____ of ____ _____ were _____ _____ the _____. ____ ____ _____ and _____ _____ _____ very _____. _____ _____ _____ Oneida Village. _____ _____ _____ Oneida Village _____ _____ _____ _____. _____ _____ ____ _____, they _____ the _____ _____ _____ _____. Their _____ _____ _____ _____, but _____ _____ _____. The _____ were _____ _____. _____ _____ was ____ _____ _____ for _____.

Go on to the 114 page

Story Writing

Paragraph 2

그 아이들의 아버지는 매표소의 창구로 걸어갔습니다. 매표창구 안에 있는 여자가 그 남자에게 물었습니다. "몇 장의 입장권이 필요합니까?" "나는 나의 아이들을 위해서 여섯 장 그리고 나의 아내와 나를 위해서 두 장이 필요합니다"라고 그 남자는 말했습니다. 매표소 안에 있는 여자가 그에게 입장권 가격을 말했습니다. 그 순간 아이들의 어머니는 그녀의 남편을 바라보았습니다. 그 남자는 떨리는 목소리로 다시 물었습니다. "입장권이 얼마라구요?" 매표소 안에 있는 여자가 다시 입장권 가격을 말했습니다. 그 남자의 입술이 가늘게 떨리는 중이었습니다. 그 남자는 그의 호주머니로부터 그의 돈을 모두 꺼냈습니다. 한 깊은 침묵이 남편과 아내 사이에 흘렀습니다. 그는 충분한 돈이 없었습니다. 아이들은 이미 서커스 천막의 입구로 뛰어가고 있었습니다. 그 아이들은 그들의 아버지가 서커스를 위해서 입장권을 샀다고 믿었습니다.

주어 + 동사 (+ 목적어) + 전치사 + **Be동사**

Paragraph 2

The _____ _____ _____ up ____ ____ _____ of ____ _____ _____. The _____ in ____ _____ _____ the man, "____ ____ _____ do ____ _____?" "I _____ ____ _____ for ____ _____ and ____ _____ for ____ _____ and ____," the man _____. The _____ in ____ _____ _____ _____ ____ the _____ _____. At _____ _____ the _____ _____ looked ____ ____ _____. The ____ _____ _____ _____ a _____ _____, "____ _____ are ____ _____?" The _____ ____ the _____ _____ _____ the _____ _____ _____. The _____ _____ were _____ _____. The ____ _____ out ____ ____ _____ _____ his _____. A _____ _____ _____ _____ the _____ and _____. He ____ ____ ____ _____ money. The _____ _____ _____ _____ to ____ _____ of ____ _____ _____. The _____ _____ their _____ _____ the _____ for ____ _____.

Go on to the 114 page

Story Writing

Paragraph 3

그 남자는 그의 아내를 바라보았습니다. 그리고 아이들을 바라보았습니다. 아이들은 입구의 앞에 있었습니다. 바로 그때, 나의 아버지가 그의 재킷으로부터 땅바닥에 20달러 지폐 두 장을 떨어뜨렸습니다. 그것은 나의 아버지의 돈이었습니다. 나의 아버지는 그의 앞에 있는 그 남자의 어깨를 두드렸습니다. "실례합니다만, 당신은 당신의 호주머니로부터 이것들을 떨어뜨렸습니다. 서두르세요. 서커스가 곧 시작할거예요." 나의 아버지가 그 남자에게 말했습니다.

주어 + 동사 (+ 목적어) + 전치사 + Be동사

Paragraph 3

The _____ _____ _____ his wife _____ _____ _____ the _____. The _____ _____ in _____ _____ _____ _____. _____ _____, my _____ _____ two _____ _____ to _____ _____ _____ his _____. That _____ _____ _____ money. My _____ _____ the _____ _____ the _____ in _____ of _____. "_____ _____, but _____ _____ _____ _____ your pocket. _____ _____! The _____ _____ _____ _____," my _____ _____ to _____ _____.

Story Writing

Paragraph 4

그 남자는 약간 놀랐습니다. 그 남자는 아무 말 없이 그저 나의 아버지의 얼굴을 바라보는 중이었습니다. 곧 그는 그 상황을 깨달았습니다. 그 남자는 조용히 나의 아버지의 손을 잡았습니다. 그는 그 20달러 지폐들을 꼭 움켜잡았습니다. 그의 얼굴이 붉어졌습니다. "고맙소, 선생. 이것은 나에게 큰 선물입니다. 이것은 나에게 아주 의미 있습니다. 당신은 나의 가족과 나에게 정말로 잊지 못할 선물을 주고 있군요." 그 남자는 말했습니다. 나는 그의 눈에서 눈물을 보았습니다. 그는 그 돈으로 그 입장권을 샀습니다. 그리고 그의 아이들과 함께 천막 안으로 들어갔습니다. 우리는 그 당시에 부자가 아니었습니다. 40달러는 우리에게도 역시 많은 돈이었습니다. 그날 밤 우리는 서커스를 보지 않았습니다. 그러나 나는 오랫동안 마음속 깊은 곳에 무엇인가 따뜻한 것을 느꼈습니다.

주어 + 동사 (+ 목적어) + 전치사 + Be동사

Paragraph 4

The _____ _____ a _____ _____. The _____ was _____ _____ _____ my _____ _____ _____ _____ anything. _____ he _____ the _____. The _____ _____ my _____ _____ _____. He _____ _____ the _____ _____. His face _____ _____. "_____ _____, Sir. _____ _____ a _____ _____ _____ me. This is _____ _____ _____ _____. You _____ _____ _____ an _____ _____ to _____ _____ and _____," the man said. I _____ _____ _____ his _____. _____ _____ the _____ _____ the _____ and _____ _____ the _____ _____ his children. _____ _____ not _____ _____ _____ _____. _____ _____ _____ _____ _____ money _____ _____, _____. _____ _____ we _____ _____ _____ _____ circus, but _____ _____ something _____ _____ in _____ _____ _____ a _____ _____.

Go on to the 114 page

Review Sentence Writing

1   너는 회사에서 일을 잘하고 있는 중이니?

2   너희들 그 뒤에서 뭐 하는 중이니?

3   나는 방학을 위해서 계획 중이다.

4   그녀는 아이들을 위해서 식사를 준비 중이다.

5   나는 그때 너를 기다리고 있는 중이었어.

6   거실에 있는 전화가 울리고 있는 중이야.

Word Tips 1. doing well, in   2. you guys, back   3. am planning for   4. is preparing   5. was waiting for
6. lobby, is ringing

7   내 시계는 2시30분인데. 네 것은 어때?

8   기말고사가 다가오고 있어.

9   그들은 중요한 모임을 가지고 있는 중입니다.

10   나는 수업시간에 늦고 있어.

11   그 질문이 학생들을 혼돈스럽게 하고 있다.

12   물가가 내려가고 있다.

13   그 두 회사는 외국 시장에서 경쟁하고 있다.

14   그 여자는 기뻐서 울고 있다.

Word Tips 7. is saying, How about 8. is coming 9. are having 10. am getting late 11. is confusing 12. are declining 13. are competing, market 14. is crying for

15 우리는 수업 후에 배드민턴을 치고 있었습니다.

_____

16 그 의사는 지금 환자를 보고 있는 중이다.

_____

17 그 개가 고양이를 쫓아가고 있었어요.

_____

18 그들은 이중 언어 구사자를 찾고 있는 중이에요.

_____

19 누군가 이 층에서 담배를 피우고 있다.

_____

20 음식이 식고 있어요.

_____

Go on to the 114 page

Word Tips 15. were playing 16. is seeing 17. was chasing 18. are looking for 19. is smoking, floor 20. is getting

Story Four

이것과 저것을 비교하는
비교급

이것과 저것을 비교하는
비교급

1 ~만큼   as + 형용사/부사 + as

Tina is 21 years old.   Tina는 21살이다.
Sam is also 21 years old.   Sam도 역시 21살이다.
➡ Tina is as old as Sam (is).   Tina는 Sam만큼 나이가 들었다.

Mike can run as quickly as Tony can.   Mike는 Tony만큼 빨리 달릴 수 있다.
This book is as expensive as that book.   이 책은 저 책만큼 비싸다.

2 ~보다 더   형용사/부사 비교급 + than
　　　　　　　more + 형용사/부사 + than

My father is older than your father.   나의 아버지는 너의 아버지보다 더 나이가 들었다.
I arrived earlier than they did.   나는 그들보다 더 일찍 도착했다.
This scissors is more dangerous than knife.   이 가위는 칼보다 더 위험하다.

3 가장(최고로) ~한   the + 형용사/부사 최상급
　　　　　　　　　　the + most + 형용사/부사

Seoul is one of the largest cities in the world.   서울은 세계에서 가장 큰 도시 중의 하나이다.
Mr. Kim is the most generous person in our group.
Mr. Kim은 우리 모임에서 가장 관대한 사람이다.

4 형용사/부사의 '원형-비교급-최상급' 변화

(1) 한 음절을 가진 형용사

old – older – the oldest
wise – wiser – the wisest
clever – cleverer – the cleverest

▶ '모음+자음'으로 끝나는 것은 끝의 자음을 한 번 더 써준다.

big – bigger – the biggest
fat – fatter – the fattest
hot – hotter – the hottest

(2) 한 음절을 가진 부사

fast – faster – the fastest
hard – harder – the hardest

(3) 두 음절 이상을 가진 형용사

famous – more famous – the most famous
pleasant – more pleasant – the most pleasant
careless – more careless – the most careless
important – more important – the most important

▶ 두 음절 이상을 가진 형용사에서 '-y'로 끝나는 것은 'i'로 고치고 '-er, -est'를 붙인다.

busy – busier – the busiest
pretty – prettier – the prettiest
angry – angrier – the angriest
happy – happier – the happiest

▶ '-ly'로 끝나는 부사도 비교급과 최상급으로 고칠 수 있다.

carefully – more carefully – the most carefully
slowly – more slowly – the most slowly
seriously – more seriously – the most seriously
absolutely – more absolutely – the most absolutely

➡ 부사를 비교급과 최상급으로 고쳐서 사용하는 경우보다 형용사를 비교급과 최상급으로 고쳐서 사용하는 경우가 더 많다.

이것과 저것을 비교하는 **비교급**

(4) 불규칙적으로 변하는 형용사 / 부사

good 좋은 – better 더 좋은 – the best 최고의
well 나은 – better 더 나은 – the best 제일

bad 나쁜 – worse 더 나쁜 – the worst 최악의
ill 안 좋은 – worse 더 안 좋은 – the worst 끔찍한

far 먼/멀리 – farther 더 먼/멀리 – the farthest 제일 먼/멀리
I walked farther. 나는 더 멀리 걸었다.
far 대단한/더욱 – further 더 대단한/더욱 – the furthest 제일 대단한/더욱
I need further information. 나는 더 많은 정보가 필요하다.

old 오래된/늙은/나이 많은 – elder 더 나이 많은 – the eldest 제일 나이 많은
old 오래 된/낡은 – older 더 오래 된/낡은 – the oldest 제일 오래 된/낡은

5 비교급 표현

(1) 점점 더 ~한 ➡ 비교급 and 비교급

It gets warmer and warmer. 날씨가 점점 더 더워진다.
She becomes more and more beautiful. 그녀는 점점 더 아름다워진다.
They climbed higher and higher. 그들은 점점 더 높이 올라갔다.

(2) ~하면 할수록, 점점 더 ~하다 ➡ the + 비교급 ~, the + 비교급

The higher we climbed, the colder we felt. 우리가 더 높이 올라가면 올라갈수록, 더 춥게 느꼈다.
The more I meet him, the happier I am. 내가 그를 만나면 만날수록, 나는 더 행복하다.
The warmer the weather is, the better I feel. 날씨가 더워지면 더워질수록, 나는 더 좋게 느낀다.

(3) 훨씬 더 ~한 ➡ much, even, still, far, a lot + 형용사/부사 비교급 + than

Jolly is much prettier than you. Jolly는 너보다 훨씬 더 이쁘다.
This line is even longer than that one. 이 줄은 저것보다 훨씬 더 길다.
Ann drove far/a lot more carefully than she did before.
Ann은 지난번보다 훨씬 더 조심해서 운전한다.

(4) ~와 같은 ➡ the same

John and Mark received the same present.　John과 Mark는 같은 선물을 받았다.
Their presents are the same.　그들의 신발은 같다.

(5) ~와 다른 ➡ different

Their rooms are different.　그들의 방들은 다르다.
John and Mark have different books.　John과 Mark는 다른 책들을 가지고 있다.

(6) ~와 같은 ➡ like

My laptop is like your laptop.　내 노트북은 너의 노트북과 같다.
This food tastes like yogurt.　이 음식은 요구르트와 같은 맛이다.

(7) ~똑같이 ➡ alike

The two passengers look alike.　그 두 승객들은 똑같이 생겼다.
The little boys are dressed alike.　그 어린 소년들은 똑같이 옷을 입었다.

(8) ~와 비슷한 ➡ similar to

Your thought is similar to his thought.　너의 생각은 그의 생각과 비슷하다.
His life is similar to my life.　그의 삶은 나의 삶과 비슷하다.

Preview the Story Sentence

1   그 해의 **가장 추운** 겨울이었습니다.

___

Writing Tip 형용사의 최상급에 정관사 'the'가 항상 붙는 이유는 강조를 나타내기 위해서이다. 형용사 뒤에 붙는 'best'는 '가장, 제일, 최고'의 뜻이다.
    the new**est** 가장 최신   the hott**est** 가장 더운
    the pretti**est** 가장 예쁜   the fast**est** 가장 빠른

Word Tips the coldest, of

2   우리가 생각한 것**보다 더 많은** 사람들이 그곳에 있었습니다.

___

Writing Tip 'more A than B(B 보다 더 많은 A)'를 주어로 쓸 수 있다. 비교급 'more' 뒤에는 주로 'than(~보다)'이 온다. 'than' 뒤에는 문장(주어＋동사)이 와야 한다.
    I am taller than you . (✗)   I am taller than you are. (○)

Word Tips More, than, thought, were

3   가장 나이 많은 아이는 **거의 나만큼 나이가 있어** 보였습니다.

___

Writing Tip '거의'를 나타내는 가장 일반적인 표현은 'almost'이다. 'nearly'는 좀 더 구체적이고, 세밀한 표현이다.
    I was almost drowned. 나는 물에 빠져서 죽을 뻔했다.
    I was nearly drowned. 나는 물에 빠져서 물도 많이 먹고 숨도 못 쉬고, 거의 정신을 잃을
                      뻔 했는데 구사일생으로 살았다.

Word Tips oldest, nearly, as old, was

4   나는 입장권 두 장이 **더** 필요합니다.

___

Writing Tip 비교급 'more'는 셀 수 있는 명사와 셀 수 없는 명사를 가리지 않고 모든 명사

앞에 쓸 수 있다.
  more water   more dream   more money   more books   more people

Word Tips two more

5   그의 목소리가 더 작아졌습니다.

Writing Tip 형용사를 비교급으로 만들 때는 뒤에 '-er(더~)'을 붙인다.
  warm 따뜻한 ➡ warmer 더 따뜻한   slow 느린 ➡ slower 더 느린
  thick 두꺼운 ➡ thicker 더 두꺼운   large 넓은 ➡ larger 더 큰/넓은

Word Tips smaller

6   입장권 가격이 그가 생각했던 것보다 훨씬 더 비쌌습니다.

Writing Tip 비교급 'more'를 강조하기 위해서 셀 수 없는 명사 앞에 'much', 셀 수 있는 명사 앞에 'many', 셀 수 있는 명사와 셀 수 없는 명사 앞에 'a lot of'와 'lots of'를 'more' 앞에 쓸 수 있으며, '훨씬'의 의미를 나타낸다.

Word Tips a lot more, he thought

7   더욱 더 많은 사람들이 안으로 들어갔습니다.

Writing Tip '더욱 더'는 '더욱 그리고 더'라고 볼 수 있으므로 'more and more'로 표현한다. '~에 들어갔다'는 'went in' 또는 'entered'로 나타낸다.

Word Tips More and, in

8   나는 오랫동안 마음속 깊은 곳에 무엇인가 더 따뜻한 것을 느꼈습니다.

Writing Tip '~thing'으로 끝나는 단어(something, anything, nothing, everything)는 형용사 앞에서 형용사를 꾸며준다.

Word Tips something warmer, a long time

Go on to the 114 page

Story Writing

Paragraph 1

그 해의 가장 추운 겨울이었습니다. 나는 아버지와 함께 매표소 앞에 서있는 중이었습니다. 우리가 생각한 것보다 더 많은 사람들이 그곳에 있었습니다. 나의 아버지와 내 앞에서 한 가족이 줄을 서서 기다리는 중이었습니다. 그 가족의 아이들은 서커스에 대해서 이야기하는 중이었습니다. 여섯 명의 아이들과 그들의 부모는 매우 행복해 보였습니다. 그들은 Oneida 마을 출신이었습니다. 그 당시 Oneida마을은 가난한 마을이었습니다. 그 아이들은 복장이 말끔했습니다. 추운 날씨에도 불구하고 그들은 그들의 마을로부터 강을 건넜습니다. 그들의 옷은 비싸 보이지 않았지만 깨끗했습니다. 아이들은 모두 단정했습니다. 가장 나이 많은 아이는 거의 나만큼 나이가 있어 보였습니다. 그날 밤은 그들에게 특별한 밤이었습니다.

주어 + 동사 (+ 목적어) + 전치사 + Be동사 + **비교급**

Paragraph 1

It _____ the _____ _____ of _____ _____. I _____ _____ _____ _____ of _____ _____ _____ _____ my father. _____ _____ than _____ _____ were there. _____ _____ _____ _____ _____ _____ in front of _____ _____ _____ _____. _____ _____ _____ _____ _____ _____ _____ about the circus. _____ _____ _____ _____ _____ _____ _____ very happy. They _____ _____ _____. _____ _____ _____, Oneida Village _____ _____ _____ _____. The _____ _____ all _____ _____. _____ _____ _____ _____, they had _____ _____ _____ _____ their village. Their _____ _____ _____ _____, but were _____. _____ _____ _____ all _____. _____ oldest _____ _____ as _____ as I _____. _____ _____ _____ _____ _____ _____ for them.

Go on to the 115 page

Story Writing

Paragraph 2

그 아이들의 아버지는 매표소의 창구로 걸어갔습니다. 그는 사려 깊은 아버지처럼 보였습니다. 매표창구 안에 있는 여자가 그 남자에게 물었습니다. "몇 장의 입장권이 필요합니까?" 그 남자는 "나는 나의 아이들을 위해서 여섯 장 그리고 나의 아내와 나를 위해서 입장권 두 장이 더 필요합니다"라고 말했습니다. 매표소 안에 있는 여자가 그에게 입장권 가격을 말했습니다. 그 순간 아이들의 어머니는 그녀의 남편을 바라보았습니다. 무엇인가 잘못 되었습니다. 그 남자는 떨리는 목소리로 다시 물었습니다. "입장권이 얼마라구요?" 그의 목소리가 더 작아졌습니다. 매표소 안에 있는 여자가 좀 더 큰 목소리로 다시 입장권 가격을 말했습니다. 그 남자의 입술이 가늘게 떨리는 중이었습니다. 그 남자는 그의 호주머니로부터 그의 돈을 모두 꺼냈습니다. 입장권 가격이 그가 생각했던 것보다 훨씬 더 비쌌습니다. 한 깊은 침묵이 남편과 아내 사이에 흘렀습니다. 그는 충분한 돈이 없었습니다. 그 아이들은 그들의 아버지가 서커스를 위해서 입장권을 샀다고 믿었습니다.

주어 + 동사 (+ 목적어) + 전치사 + Be동사 + **비교급**

Paragraph 2

____ _____ _____ _____ ____ to ____ _____ of ____ _____ _____ . He _____ _____ a _____ father. _____ _____ ____ ____ _____ asked the _____, "_____ _____ _____ do _____?" "I _____ ____ _____ for my children and ____ more _____ ____ ____ _____ _____ _____," the _____ _____. The _____ _____ _____ _____ _____ told _____ _____ _____ _____. ____ _____ _____ the _____ _____ _____ ____ her husband. _____ went _____ . The _____ _____ _____ _____ a _____ _____, "_____ _____ are the _____?" _____ _____ _____ smaller. The _____ _____ _____ _____ _____ said _____ _____ _____ _____ with ____ _____ _____ voice. _____ _____ _____ were _____ _____ . The man _____ ____ all ____ _____ ____ _____. _____ _____ _____ was ____ ____ _____ _____ he thought. ____ _____ _____ flowed _____ ____ _____ _____ _____ . He _____ ____ _____ _____ _____. The _____ _____, their father _____ ____ _____ ____ ____ _____.

Go on to the 115 page

Story Writing

Paragraph 3

그 아이들은 그들이 할 수 있는 한 빨리 서커스 천막의 입구로 뛰어갔습니다. 그 남자는 그의 아내를 보라보았습니다. 그의 아내가 그에게 미소를 지었습니다. 그러나 그녀의 눈은 그녀의 당황스러움을 나타냈습니다. 그는 아이들을 바라보았습니다. 아이들은 입구의 앞에 있었습니다. 더욱 더 많은 사람들이 안으로 들어갔습니다. 그는 더 많은 절망감을 느꼈습니다. 바로 그때 나의 아버지가 그의 재킷으로부터 땅바닥에 20달러 지폐 두 장을 떨어뜨렸습니다. 그것은 나의 아버지의 돈이었습니다. 나의 아버지는 그의 앞에 있는 그 남자의 어깨를 두드렸습니다. "실례합니다만, 당신은 당신의 호주머니로부터 이것들을 떨어뜨렸습니다. 서두르세요. 서커스가 곧 시작할거예요." 나의 아버지가 그 남자에게 말했습니다.

주어 + 동사 (+ 목적어) + 전치사 + Be동사 + **비교급**

Paragraph 3

The _____ _____ to _____ _____ _____ _____ _____ _____ as _____ as _____ _____. _____ _____ _____ _____ his wife. _____ _____ _____ at _____, but _____ _____ showed _____ _____. _____ _____ _____ the children. _____ _____ _____ _____ _____ _____ _____ gate. More _____ _____ _____ _____ in. He _____ _____ _____. _____ _____ my father _____ _____ _____ _____ to _____ _____ from _____ _____. _____ _____ _____ money. _____ _____ _____ _____ _____ _____ _____ shoulder _____ _____ _____ _____. "_____ _____, but _____ _____ _____ _____ _____ pocket. _____ _____! The _____ _____ _____ _____," my _____ _____ _____ _____ man.

Story Writing

Paragraph 4

그 남자는 약간 놀랐습니다. 그 남자는 아무 말 없이 그저 나의 아버지의 얼굴을 바라보았습니다. 그는 나의 아버지보다 키가 훨씬 컸습니다. 곧 그는 그 상황을 깨달았습니다. 그 남자는 조용히 나의 아버지의 손을 잡았습니다. 그는 그 20달러 지폐들을 꼭 움켜잡았습니다. 그의 얼굴이 붉어졌습니다. "고맙소, 선생. 오늘은 우리에게 아주 특별한 날이었습니다. 당신의 도움은 우리에게 의미가 큽니다. 당신은 가장 관대한 사람입니다. 당신은 나의 가족과 나에게 최고의 선물을 주고 있어요"라고 그 남자는 말했습니다. 나는 그의 눈에서 눈물을 보았습니다. 그는 그 돈으로 그 입장권을 샀습니다. 그리고 그의 아이들과 함께 천막 안으로 들어갔습니다. 우리는 그 당시에 부자가 아니었습니다. 40달러는 우리에게도 역시 많은 돈이었습니다. 그날 밤 우리는 서커스를 보지 않았습니다. 집으로 돌아오는 길에 나의 아버지는 그의 코트 속으로 나를 감싸 안았습니다. 나는 오랫동안 마음속 깊은 곳에 무엇인가 더 따뜻한 것을 느꼈습니다.

주어 + 동사 (+ 목적어) + 전치사 + Be동사 + **비교급**

Paragraph 4

The ____ ____ ___ _____ _____. ____ ____ just _____ ____ ____ _____ _____ _____ _____ _____. He ____ ____ _____ than my father was. _____ he _____ the _____. The ____ ____ _____ _____ _____ quietly. He _____ _____ ____ _____ _____. ____ ____ turned ____. "_____ ____, Sir. _____ ____ ___ _____ _____ ____ for us. ____ ____ _____ a lot ____ ____. You are ____ _____ _____ _____. You ____ _____ ___ best _____ _____ _____ ____ ____," the ____ _____. ___ ____ _____ in ____ _____. He _____ ____ _____ with ____ _____ and _____ ____ ____ ____ with ____ _____. ____ ____ _____ ____ at ____ _____. _____ _____ was ___ ___ ____ ____ _____ us, ____. ____ _____ we ____ ____ ____ ____ _____. On the ____ ____ _____, my father _____ ____ in ____ _____. I ____ _____ warmer _____ in ____ _____ ____ a ____ _____.

Review Sentence Writing

1   이 그림이 저 그림보다 더 비싸다.

2   내 것이 네 것보다 더 크다.

3   너의 글은 지난번보다 훨씬 더 우수하다.

4   어느 것이 더 예쁘니?

5   9월이 가장 바쁜 계절입니다.

6   나의 언니는 나보다 요리를 더 잘한다.

Word Tips 1. more expensive than   2. larger than   3. much more excellent   4. Which, prettier   5. the busiest   6. better than, I do

7   그녀는 그 학급에서 가장 키가 크다.

8   나는 중간고사에서 최고 성적을 받았다.

9   당신이 공부하면 할수록, 당신은 더 많이 그것을 이해하게 될 겁니다.

10   빠르면 빠를수록 더 좋아요.

11   나는 더 싼 게 좋아요.

12   그것은 우리가 생각했던 것보다 더 많은 돈이 들었다.

13   내 남자친구는 세상에서 제일 매력적인 남자입니다.

14   날씨가 예년보다 더 춥다.

Word Tips 7. the tallest 8. the highest, midterm exam 9. The more, the more 10. faster, better
11. cheaper one 12. cost, more, than 13. the most attractive 14. colder than, average year

15 줄이 일분 전보다 더 길어졌다.

16 그 책은 이 책보다 더 많은 사진들을 가지고 있다.

17 나는 유럽으로의 여행을 위해서 더 많은 돈이 필요하다.

18 그는 다른 사람보다 더 건강해 보였다.

19 이 설명은 다른 설명보다 더 간단하고 더 쉽다.

20 이것이 소리가 더 좋네요.

Word Tips 15. becomes longer than   16. more pictures in it   17. more money for, to   18. looks healthier than   19. simpler and easier than   20. sounds

Story Five

명사 자리에 쓴 문장
명사절

명사 자리에 쓴 문장
명사절

1 명사절의 정의

| 명사(주어) | + | 동사 | + | 명사(목적어) | / | 전치사 | + | 명사 |

We saw that.
➡ 앞에서 이미 말해서 서로 알고 있는 것을 간단히 지칭

We saw the movie.
➡ that이 무엇인지 말해주는 구체적인 명사

We saw the movie became popular.
　　　　　　주어 + 동사
➡ that이 무엇인지 말해주는 구체적이고, 자세한 문장

⬇
명사 자리에 쓴 문장(=절)
⬇
명사절
⬇
목적어 자리에 쓴 명사절
⬇
명사절의 목적격 용법

2 명사절의 시작을 알리는 단어

when, where, who, whom, whose, why, which, what, how + that = 10개
　　　　　　　　의문사 9개

| 나는 | 알고 있다 | 언제 Susan이 도착했는지를 |
| I | know | when Susan arrived. |

| 나는 | 알고 있다 | 어디서 그녀가 공부했는지를 |
| I | know | where she studied. |

나는	알고 있다	어떻게 그들이 고쳤는지를
I	know	how they fixed.

나는	알고 있다	어느 것을 내가 사야만 하는지
I	know	which I should buy.

나는	알고 있다	무엇을 그가 통과해야만 하는지
I	know	what he should pass.

나는	알고 있다	Susan이 도착한 것을
I	know	that Susan arrived.

3 명사절의 위치

(1) 첫 번째 명사(주어) 자리에 명사절을 쓴 경우: 강조의 형태

Where they had a meeting is a secret. 그들이 어디에서 모임을 가졌는지는 비밀이다.

➡ 문장을 시작하는 주어는 짧고 간단해야 하는데, 명사절을 주어 자리에 쓰면 문장의 주어가 길어진다.

(2) 세 번째 명사(목적어) 자리에 명사절을 쓸 경우

I know where they had a meeting. 나는 그들이 어디에서 모임을 가졌는지 안다.

➡ 동사는 목적어를 가지므로 목적어 자리에 단어가 아닌 문장을 쓰는 것이 가장 일반적인 명사절의 용법이다.

(3) '전치사 + 명사' 자리에는 명사절을 잘 쓰지 않는다. 영어는 내용상 중요하고, 강조하고 싶은 것을 문장 맨 앞으로 보낸다. 단어를 문장으로 길고, 자세하게 쓰겠다는 것은 그 내용을 강조하겠다는 말과 같다. 따라서 굳이 문장(=절)의 형태를 가장 이상적인 문장의 단어 배열에서 마지막 명사자리에 쓸 필요가 없는 것이다. 그러므로 '전치사 + 명사' 자리에는 문장(=절)의 형태가 아닌 단어(=구)의 형태를 많이 사용하게 되는 것이다.

4 목적격으로 쓰인 명사절 that의 생략

I know where they had a meeting. '어디에서'라는 구체적인 내용 전달

I know that they had a meeting. '~는 것' 정도의 의미로, 구체적인 내용 전달(×)
= I know they had a meeting.

Preview the Story Sentence

1   사람들은 그 해의 가장 추운 겨울이라고 말했습니다.

_____

> **Writing Tip** 'said that' 뒤에는 문장(주어+동사)이 온다
> said that you know 네가 안다는 것을 말했다
> said that we liked 우리가 좋아했다는 것을 말했다
> said that they passed the test 그들이 시험에 통과했다는 것을 말했다
> 날씨에 대한 내용은 종종, 'it'을 주어로 나타낸다. 'be동사(~이다) + the coldest(가장 추운) = be the coldest(가장 춥다)가 된다.
>
> **Word Tips** said that

2   나는 그 아이들이 서커스에 대해서 이야기하고 있는 것을 들었습니다.

_____

> **Writing Tip** 'heard that' 뒤에는 문장(주어+동사)이 온다.
> heard that everybody came 모두가 왔다고 들었다
> heard that something happened 무슨 일이 생겼다고 들었다
> heard that she missed the class 그녀가 수업을 빠졌다고 들었다
>
> **Word Tips** heard that, talking about

3   나는 그들이 어디 출신인지 알았습니다.

_____

> **Writing Tip** 'knew where' 뒤에는 문장(주어+동사)이 온다.
> knew where you went 네가 어디에 갔었는지 알았다
> knew where we bought that 우리가 어디에서 저것을 샀는지 알았다
> knew where I saw you 내가 어디에서 너를 보았는지 알았다
>
> **Word Tips** knew where

4   우리는 그가 충분한 돈이 없다는 것을 알아차렸습니다.

_____

Writing Tip   'noticed that' 뒤에는 문장(주어+동사)이 온다.
noticed that he is hiding something   그가 무엇인가를 감추는 것을 알아차렸다
noticed that the someone used my computer   누군가 나의 컴퓨터를 사용했다는 것을 알아차렸다
noticed that my friends were preparing for the surprising party   나의 친구들이 깜짝 파티를 준비중이었다는 것을 알아차렸다
'enough(충분한)'는 형용사로 뒤에 명사가 온다.
enough water 충분한 물   enough people 충분한 사람들   enough budget 충분한 예산

Word Tips   noticed that, enough

5   그는 그것이 그의 돈이 아니라는 **것을 잘 알았습니다**.

___

Writing Tip   'knew well that' 뒤에는 문장(주어+동사)이 온다.
knew well that this was difficult 이것이 어렵다는 것을 잘 알았다
knew well that everything was all right 모든 것이 괜찮다는 것을 잘 알았다
Knew well that it could happen 그런 일이 생길 수 있다는 것을 잘 알았다

Word Tips   knew well

6   나는 그의 눈에 눈물이 고이는 **것을 보았습니다**.

___

Writing Tip   'saw that' 뒤에는 문장(주어+동사)이 온다.
saw that they were crossing the street 그들이 길을 건너고 있는 것을 보았다
saw that he was studying in the library 그가 도서관에서 공부하고 있는 것을 보았다
saw that a car was coming toward me 차 한대가 나에게 다가오고 있는 것을 보았다
'눈물이 고이다'는 동사 'become'으로 나타낸다.

Word Tips   saw that, full of tears

7   나는 그 당시에 우리가 부자가 아니었다는 **것을 기억합니다**.

___

Writing Tip   'remember that' 뒤에로 문장(주어+동사)이 온다.
remember that we had a good time 우리가 즐거운 시간을 가졌다는 것을 기억한다
remember that the accountant worked with us 그 회계사가 우리와 함께 일했던 것을 기억한다
remember that it was very expensive 그것이 매우 비쌌다는 것을 기억한다

Word Tips   remember that, that time

Go on to the 116 page

Story Writing

Paragraph 1

사람들은 그 해의 가장 추운 겨울이라고 말했습니다. 나는 아버지와 함께 매표소 앞에 서 있는 중이었습니다. 나는 우리가 기대했던 것보다 더 많은 사람들이 그곳에 있는 것을 보았습니다. 나의 아버지와 내 앞에서 한 가족이 줄을 서서 기다리는 중이었습니다. 나는 그 아이들이 서커스에 대해서 이야기하고 있는 것을 들었습니다. 여섯 명의 아이들과 그들의 부모는 매우 행복해 보였습니다. 나는 그들이 어디 출신인지 알았습니다. 그들은 Oneida 마을 출신이었습니다. 그 당시 Oneida 마을은 가난한 마을이었습니다. 사람들은 그들이 어떻게 사는지 관심을 두지 않았습니다. 추운 날씨에도 불구하고 그들은 그들의 마을로부터 강을 건넜습니다. 그들의 옷은 비싸 보이지 않았지만 깨끗했습니다. 아이들은 모두 단정했습니다. 가장 나이 많은 아이는 거의 나만큼 나이가 있어 보였습니다. 그날 밤은 그들에게 특별한 밤이었습니다.

주어 + 동사 (+ 목적어) + 전치사 + Be동사 + 비교급 + **명사절**

Paragraph 1

_____ said that it was _____ _____ _____ ____ ____ _____. I ____ _____ ____ _____ _____ _____ _____ _____ _____ my father. ____ saw that _____ _____ _____ ____ _____ were there. ____ _____ ____ _____ _____ ____ _____ in _____ ____ ____ _____ _____ _____. ____ heard that _____ _____ _____ _____ _____ ____ circus. The _____ _____ and _____ _____ _____ very _____. ____ knew where _____ _____ _____. ____ _____ _____ _____ _____. At _____ _____, Oneida Village ____ ___ _____ _____. _____ ____ ____ care how _____ _____. _____ the _____ _____, _____ _____ ____ _____ from _____ _____. _____ _____ _____ look _____, but _____ _____. _____ _____ _____ _____ _____. ____ _____ _____ nearly as ____ ____ ___ was. _____ _____ _____ ____ _____ _____ for _____.

Go on to the 116 page

Story Writing

Paragraph 2

그 아이들의 아버지는 매표소의 창구로 걸어갔습니다. 그는 사려 깊은 아버지처럼 보였습니다. 매표창구 안에 있는 여자가 몇 장의 입장권이 필요한지 물었습니다. 그 남자는 그의 아이들을 위해서 여섯 장 그리고 그의 아내와 그 자신을 위해서 두 장이 더 필요하다고 말했습니다. 매표소 안에 있는 여자가 그에게 입장권 가격을 말했습니다. 그 순간 아이들의 어머니는 그녀의 남편을 바라보았습니다. 무엇인가 잘못된 것 같았습니다. 그 남자는 떨리는 목소리로 다시 물었습니다. "입장권이 얼마라구요?" 그의 목소리가 더 작아졌습니다. 그는 그가 들은 것을 믿지 못했습니다. 매표소 안에 있는 여자가 좀 더 큰 목소리로 다시 입장권 가격을 말했습니다. 그 남자의 입술이 가늘게 떨리는 중이었습니다. 매표창구 안에 있는 여자가 말한 것이 그를 놀라게 했습니다. 그 남자는 그의 호주머니로부터 그의 돈을 모두 꺼냈습니다. 그는 입장권 가격이 그가 생각했던 것보다 훨씬 더 비싸다는 것을 알지 못했습니다. 한 깊은 침묵이 남편과 아내 사이에 흘렀습니다. 우리는 그가 충분한 돈이 없다는 것을 알아차렸습니다. 그 아이들은 그들의 아버지가 서커스를 위해서 입장권을 샀다고 믿었습니다.

주어 + 동사 (+ 목적어) + 전치사 + Be동사 + 비교급 + **명사절**

Paragraph 2

The _____ _____ _____ ____ ____ ____ _____ of ____ _____ _____. ____ _____ _____ ____ thoughtful _____. ____ _____ ____ ____ _____ asked how _____ _____ ____ ____. ____ ____ said that ____ _____ ____ _____ for ____ _____ _____ _____ ____ _____ _____ _____ _____ _____. _____ _____ _____ _____ _____ told _____ ____ _____ _____. ____ ____ _____ the _____ _____ looked ____ _____. ____ _____ _____ something _____ _____. ____ _____ again _____ ____ _____ _____, " ____ ____ are ____ _____?" ____ _____ became _____. ____ _____ believe what ____ _____. The woman ____ ____ _____ _____ _____ ____ _____ _____ _____ _____ _____ _____ _____ _____. The _____ _____ were _____ _____. What the woman ____ ____ ____ _____ ____ ____. ____ ____ _____ ____ _____ from ____ _____. He _____ knew that ____ _____ _____ ____ ____ _____ ____ _____ than ____ _____. ____ _____ _____ flowed _____ ____ _____ ____ _____. ____ noticed that ____ ____ ____ ____ _____ _____. ____ _____ believed that _____ _____ _____ the tickets ____ ____ _____.

Go on to the 116 page

Story Five_명사절 81

Story Writing

Paragraph 3

그 아이들은 그들이 할 수 있는 한 빨리 서커스 천막의 입구로 뛰어갔습니다. 그 남자는 그의 아내를 바라보았습니다. 그의 아내가 그에게 미소를 지었습니다. 그러나 그녀의 눈은 그녀가 당황했음을 나타냈습니다. 그는 어디를 바라보아야할지 몰랐습니다. 그는 아이들을 바라보았습니다. 그의 아이들은 입구의 앞에 있었습니다. 더욱 더 많은 사람들이 안으로 들어갔습니다. 그는 더 많은 절망감을 느꼈습니다. 그는 그의 아이들에게 어떻게 말해야할지 몰랐습니다. 바로 그때 나는 나의 아버지가 그의 재킷으로부터 무엇인가를 꺼내는 것을 보았습니다. 그것은 나의 아버지의 돈이었습니다. 나의 아버지는 땅바닥에 20달러 지폐 두 장을 떨어뜨렸습니다. 나는 나의 아버지가 왜 그렇게 하셨는지 의아해했습니다. 그것은 우리를 위한 돈이었습니다. 나의 아버지는 그 남자의 어깨를 두드렸습니다. "실례합니다만, 당신이 당신의 호주머니로부터 이것들을 떨어뜨린 것 같군요. 서두르세요. 서커스가 곧 시작할거예요." 나의 아버지가 그 남자에게 말했습니다.

주어 + 동사 (+ 목적어) + 전치사 + Be동사 + 비교급 + **명사절**

Paragraph 3

The children ____ ____ ____ ____ of ____ ____ ____ as ____ as ____ ____ . ____ ____ ____ ____ his wife. ____ ____ ____ ____ him, but ____ ____ showed that ____ ____ ____ . He ____ know where ____ ____ ____ ____ . ____ ____ ____ children. ____ ____ were ____ ____ ____ ____ . ____ ____ ____ ____ ____ ____ in. ____ ____ more ____ . ____ ____ know how ____ ____ ____ ____ . ____ ____ ____ saw that ____ ____ ____ ____ from ____ ____ . ____ ____ ____ ____ ____ ____ . ____ ____ ____ ____ ____ ____ to ____ ____ . ____ wondered why ____ ____ ____ ____ . ____ ____ ____ for ____ . ____ ____ ____ ____ ____ ____ on ____ ____ . " ____ ____, but ____ think that ____ ____ ____ ____ ____ ____ . ____ ____ ! ____ ____ will ____ ____ ," ____ ____ ____ to ____ ____ .

Story Writing

Paragraph 4

그 남자는 약간 놀랐습니다. 그는 아무 말 없이 그저 나의 아버지의 얼굴을 바라보았습니다. 그는 그것이 그의 돈이 아니라는 것을 잘 알았습니다. 그는 그 돈을 받아야할지 말아야할지 망설였습니다. 곧 그는 그 상황을 깨달았습니다. 그 남자는 조용히 나의 아버지의 손을 잡았습니다. 그는 그 20달러 지폐들을 꼭 움켜잡았습니다. 나는 그의 얼굴이 붉어지는 것을 보았습니다. "고맙소, 선생. 나는 당신이 가장 관대한 사람이라고 당신에게 말하고 싶습니다. 오늘은 우리에게 아주 특별한 날이었습니다. 당신의 도움은 우리에게 의미가 큽니다. 어떻게 충분히 감사를 드려야할지 모르겠군요. 당신은 나의 가족과 나에게 최고의 선물을 주고 있어요. 비록 나의 아이들은 이 돈이 누구의 돈인지 모르지만, 나의 아내와 나는 절대 이것을 잊지 않을 겁니다"라고 그 남자는 말했습니다. 나는 그의 눈에 눈물이 고이는 것을 보았습니다. 그는 그 돈으로 그 입장권을 샀습니다. 그리고 그의 아이들과 함께 천막 안으로 들어갔습니다. 나는 그 당시에 우리가 부자가 아니었다는 것을 기억합니다. 40달러는 우리에게 많은 돈이었다는 것을 나의 아버지는 잘 알고 계셨습니다. 그날 밤 우리는 서커스를 보지 않았습니다. 집으로 돌아오는 길에 나의 아버지는 그의 따뜻한 코트 속으로 나를 감싸 안았습니다. 그러나 나는 나의 아버지의 코트보다 더 따뜻한 무엇인가를 내 안에 느꼈습니다.

Paragraph 4

The ___ ___ ___ ___ ___. ___ just ___ ___ ___ ___ ___ ___ saying ___. ___ knew well that ___ ___ ___ ___ ___. ___ hesitated whether ___ ___ ___ or ___. ___ he ___ ___ ___. ___ ___ ___ ___ quietly. He ___ ___ ___. ___ saw that ___ ___ ___ ___. "___ ___, Sir. ___ want ___ ___ that ___ most ___ ___. ___ ___ ___ ___ ___ ___ ___ ___. ___ help ___ ___ ___ ___ ___. ___ ___ know how ___ ___ ___ ___. You ___ ___ best ___ ___ ___ ___. Although ___ ___ ___ know whose ___ ___ ___, ___ ___ ___ ___ ___ never ___ ___," ___ ___ ___. ___ saw that ___ ___ ___ full of ___. He ___ ___ ___ ___ ___ ___ and ___ ___ ___ tent ___ ___ ___. ___ remember that ___ ___ ___ ___ ___ ___ ___ ___ ___. ___ knew well that ___ ___ ___ ___ ___ ___ ___. That night ___ ___ ___ ___ ___ ___ ___. On ___ ___ back ___, ___ ___ held ___ ___ ___ ___ ___, but ___ ___ ___ ___ than ___ ___ ___ ___ me.

Go on to the 116 page

Review Sentence Writing

1. 너는 네가 재능을 가지고 있다는 것을 아니?

2. 나는 그녀가 어디에서 그녀의 신발을 샀는지 알아.

3. 나는 그 선생님이 왜 화가 났는지 생각해봤다.

4. 나는 그가 어떻게 그것을 했는지 알고 싶어.

5. 나는 그녀가 어떻게 영어를 공부하고 있는지 알고 싶어.

6. 네가 이것을 썼다고 말했잖아.

Word Tips 1. know that, talent 2. know where, bought 3. thought why, angry 4. know how, did
5. know how, studying 6. said that

7   그는 누군가 그를 따라오는 중이었다는 것을 알아차렸다.
___

8   나는 우리가 어디에서 교통사고가 났는지 기억하고 있다.
___

9   그는 왜 그가 선출되었는지를 들었다.
___

10   그는 무슨 일이 일어나는 중이었는지 알기를 원한다.
___

11   그는 그가 회의에 늦었다고 생각했다.
___

12   우리가 담배를 피워서는 안 된다는 것에 모두가 동의한다.
___

13   나는 내가 어디에 책을 두고 왔는지 기억하지 못한다.
___

14   그는 그가 어떻게 살아남았는지 설명했다.
___

Word Tips 7. noticed that, following   8. remember where, had   9. heard why, chosen   10. know what
11. thought that, late for   12. agrees that, should   13. remember where, left   14. explained how

15   과학자들은 지구 온난화 현상이 그 해일을 일으켰다는 것을 깨달았다.
___

16   나는 네가 왜 화가 나있는지 이해한다.
___

17   그 매니저는 우리가 단골손님을 잃고 있는 중인 것을 인정했다.
___

18   나는 그녀를 너의 사진들 속에서 봤던 것이 기억난다.
___

19   그들은 그 무덤이 어디에 있는지 발견했다.
___

20   나는 네가 무엇인가 알고 있다는 것을 안다.
___

Word Tips 15. realized that, global warming, tsunami/a tidal wave 16. understand why, upset
17. recognized that, losing, steady customers 18. recall that 19. discovered where, tomb 20. know that

Story Six

동사를 도와주는 동사
조동사

조동사

동사를 도와주는 동사

1 조동사의 정의

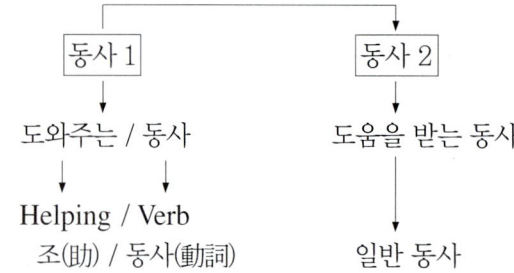

- **(1)** 조동사의 위치: 도움을 주는 일반 동사의 앞에 위치
- **(2)** 조동사의 역할: 일반 동사를 도와주는 역할

  He goes. ── 주어가 3인칭 단수일 때 뒤에 '-s, -es'를 붙인다. ⟶ He can go.

  He went. ── 과거시제일 때 뒤에 '-d, ed'를 붙이거나, 불규칙 변화한다. ⟶ He could go.

  ● 조동사는 일반 동사가 인칭에 따라 변화하는 것과 시제에 따라 변화하는 부담감을 덜어준다. 조동사 뒤에는 항상 일반 동사의 원형을 쓴다.

2 조동사의 종류

- **(1)** It may rain. 비가 내릴지도 모른다. ➡ 50%정도의 확률
  It might rain. 비가 내릴지도 모른다. ➡ 20%정도의 확률

- **(2)** You should go there. 너는 그곳에 가야만 한다.
  ➡ 서열에 관계없이 사용할 수 있는 가벼운 충고
  You ought to go there. 너는 그곳에 가야만 한다.
  ➡ 윗사람이 아랫사람에게 사용하는 가벼운 명령, 'should'보다 강한 충고

- **(3)** You had better go there. 너는 그곳에 가는 편이 좋다. ➡ 당신이 안 가면 나중에 후회한다는 의미

(4) You have to go there. 너는 반드시 그곳에 가야만 한다.
→ 당신이 안 가면 나중에 손해 본다는 의미
= You have got to go there. 나는 그곳에 갔어야만 했다.
You must go there. 너는 죽어도 그곳에 가야만 한다.
→ 당신이 안 가면 나중에 손해보고, 후회하게 된다는 의미
▶ 'have to' 와 'must' 의 과거형
I had to go there. 나는 그곳에 갔었어야만 했다.

(5) I could try latter. 나는 나중에 시도할께. ➡ 미래의 60~70%정도의 확률
I could try before. 나는 이전에 시도할 수 있었다. ➡ can의 과거형

Can you help me? 저를 도와줄 수 있을까요?
→ 상대방의 90%정도의 능력을 기대하므로 부담이 큼
Could you help me? 저를 도와줄 수 있겠습니까?
→ 상대방의 60~70%정도의 능력을 기대, 부담이 낮음, can의 공손한 표현

(6) I am able to solve the problem. 나는 그 문제를 확실히 해결할 수 있다.
→ 100%에 가까운 능력으로 못했을 경우 거짓말 한 것이 됨
I can solve the problem. 나는 그 문제를 해결할 수 있다.
→ 90%정도의 능력으로, 못했을 경우 최선을 다했지만 못했다는 의미

(7) Will you give me that? 저에게 그것을 주시겠어요?
→ 상대방의 90%정도의 의지를 기대하므로 심리적 부담이 큼
Would you give me that? 저에게 그것을 주시겠습니까?
→ 상대방의 60~70%정도의 의지를 기대하므로 부담이 낮음, will의 공손한 표현

(8) I would study English. 나는 영어를 공부하곤 했다.
→ 짧은 기간동안 불규칙적으로 반복된 행동
I used to study English. 나는 영어를 공부하곤 했다.
→ 장기간동안 규칙적으로 반복된 행동, 영어를 더 잘할 것이라고 생각

(9) I will see the movie with my friend. 나는 별일 없으면 친구와 영화를 볼 예정이다.
→ 막연한 미래를 의미
I am going to see the movie with my friend. 나는 친구와 이미 계획된 영화를 볼 예정이다.
→ 계획된 미래를 의미

(10) You are supposed to attend the meeting. 당신은 그 모임에 참석하기를 기대당한다.
→ 가벼운 요청의 의미
You are to attend the meeting. 당신은 그 모임에 참석하기를 강하게 기대당한다.
→ 명령의 의미

Preview the Story Sentence

1   사람들은 그 마을에 대해서 나쁜 말을 하곤 했습니다.

___

Writing Tip 장기간 동안 규칙적이었던 과거 습관을 나타내는 'used to' 뒤에는 동사 원형이 온다.
    used to visit 방문하곤 했었다 used to share 나누곤 했었다 used to fix 고치곤 했었다

Word Tips used to tell

2   그는 입장권을 살 예정이었습니다.

___

Writing Tip 미리 계획한 미래를 나타내는 'be going to'의 과거 'was going to'는 과거에 미리 세워 놓았던 계획을 나타내며 뒤에는 동사 원형이 온다.
    was going to call you 너에게 전화할 예정이었어
    was going to cancel it 그것을 취소할 예정이었어
    was going to stay 머무를 예정이었어
'was going to'를 'would'로 바꿀 수 있지만 그렇게 되면 단순 미래로 바뀌게 된다.

Word Tips was going to buy

3   그 남자는 그의 호주머니로부터 그의 돈을 모두 꺼내야만 했습니다.

___

Writing Tip 'have to'의 과거 'had to (~했어야만 했다)' 뒤에는 동사 원형이 온다.
    had to stop 멈추었어야만 했다 had to pay 지불했었어야만 했다
    had to fax 팩스 보냈어야만 했다
'had to'는 과거에 했어야만 했는데 하지 못했다는 과거 사실의 반대를 나타내기도 한다.
    I had to study last night. 어젯밤에 공부했어야만 했다.

Word Tips had to take out

4   그는 입장권을 살 능력이 없었습니다.

___

Writing Tip 일반적인 능력을 나타내는 'can'이나 'could'보다 더 구체적인 능력을 나타내

는 'am/is/are able to'나 'was/were able' 뒤에는 동사 원형이 온다.
　　was bale to speak three languages 3개 국어를 말할 수 있었다
　　was able to swim 4 hours without stopping 쉬지 않고 4시간 수영을 할 수 있었다

Word Tips　was not able to buy

5　여기에 오래 머무르지 **않는 편이 좋겠어요**.

Writing Tip　'had better(~하는 편이 좋다)'의 부정 'had better not(~하지 않는 편이 좋다)' 뒤에는 동사 원형이 온다.
　　had better exercise 운동하는 편이 좋다　　had better study 공부하는 편이 좋다
　　had better arrive early 일찍 도착하는 편이 좋다

Word Tips　had better not

6　이것들은 **틀림없이** 당신 거예요.

Writing Tip　'must'는 be동사와 만나서 어떤 일에 대한 99%에 가까운 확신을 나타낸다. 'must be' 뒤에는 동사 원형을 쓰지 않고 명사나 형용사를 쓴다.
　　must be you 당신임에 틀림없다　　must be easy 쉬울 것임에 틀림없다
'must be'의 부정은 'must not be'이다.

Word Tips　must be

7　우리는 **절대** 이것을 잊지 **않겠습니다**.

Writing Tip　'will not'의 강조형태는 'will never'이며, 뒤에는 동사 원형이 온다.
　　will not complain 불평하지 않을 것이다　　will not follow 따라가지 않을 것이다

Word Tips　will never

8　우리는 서커스를 보기로 **되어 있었습니다**.

Writing Tip　다른 사람의 입장에서 어떻게 해야 하는지 이야기하는 'be supposed to'는 말하는 사람의 심리적인 부담을 덜어주는 표현으로 뒤에는 동사 원형이 온다.
　　am supposed to go there 거기에 가야 한다　　is supposed to leave 떠나야 한다

Word Tips　were supposed to see

Go on to the 117 page

Story Writing

Paragraph 1

사람들은 그 해의 가장 추운 겨울이 될 것이라고 말했습니다. 나는 아버지와 함께 매표소 앞에 서있을 수 있었습니다. 나는 우리가 기대했던 것보다 더 많은 사람들이 그곳에 있는 것을 보았습니다. 나의 아버지와 내 앞에서 한 가족이 줄을 서서 기다리는 중이었습니다. 나는 그들이 서커스에 대해서 이야기하고 있는 것을 들을 수 있었습니다. 여섯 명의 아이들과 그들의 부모는 서커스를 위해서 입장권을 살 예정이었습니다. 그들은 매우 행복해 보였습니다. 나는 그들이 어디 출신인지 추측할 수 있었습니다. 그들은 Oneida 마을 출신임에 틀림없었습니다. 그 당시 Oneida 마을은 가난한 마을이었습니다. 사람들은 그 마을에 대해서 나쁜 말을 하곤 했습니다. 그리고 그들이 어떻게 사는지 관심을 두지 않았습니다. 추운 날씨에도 불구하고 그들은 그들의 마을로부터 강을 건넜어야만 했습니다. 그들의 옷은 비싸 보이지 않았지만 깨끗했습니다. 아이들은 모두 단정했습니다. 가장 나이 많은 아이는 거의 나만큼 나이가 있어 보였습니다. 그날 밤은 그들에게 특별한 밤임에 틀림없었습니다.

주어 + 동사 (+ 목적어) + 전치사 + Be동사 + 비교급 + 명사절 + **조동사**

Paragraph 1

_____ _____ that _____ would _____ _____ _____ _____ _____ _____. _____ could _____ _____ _____ _____ _____ _____ _____ _____ _____. _____ _____ that _____ _____ _____ _____ _____. A _____ _____ _____ _____ _____ _____ _____ _____ _____ _____ _____ _____ _____. _____ could _____ that _____ _____ _____ _____ _____ _____ _____ _____ _____. _____ _____ _____ _____ _____ were going to _____ _____ _____ _____ _____. _____ _____ _____ _____. could _____ where _____ _____ _____. _____ should _____ _____ _____ _____. _____ _____ _____, _____ _____ _____ _____ _____ _____. _____ used to _____ _____ _____ _____ _____ _____ _____ _____ care how _____ _____. _____ _____ _____ _____ _____, _____ had to _____ _____ _____ _____ _____ _____. _____ _____ _____ _____ _____ _____ _____, but _____ _____. _____ _____ _____ _____ _____. _____ oldest _____ _____ _____ as _____ _____. _____ _____ should _____ _____ _____ _____ _____ _____.

Go on to the 117 page

Story Writing

Paragraph 2

그 아이들의 아버지는 매표소의 창구로 걸어갔습니다. 그는 입장권을 살 예정이었습니다. 매표창구 안에 있는 여자가 몇 장의 입장권이 필요한지 물었습니다. "나의 아이들을 위해서 여섯 장 그리고 나의 아내와 나를 위해서 두 장을 더 살 수 있을까요?"라고 그 남자는 말했습니다. 매표소 안에 있는 여자가 그에게 입장권 가격을 말했습니다. 그 순간 아이들의 어머니는 그녀의 남편을 바라보았습니다. 나는 무엇인가 잘못되었다는 것을 알 수 있었습니다. 그 남자는 떨리는 목소리로 다시 물었습니다. "제가 얼마를 지불해야 한다구요?" 그의 목소리가 더 작아졌습니다. 그는 그가 들은 것을 믿을 수 없었습니다. 매표소 안에 있는 여자가 좀 더 큰 목소리로 다시 입장권 가격을 말했습니다. 그 남자의 입술이 가늘게 떨리고 있었습니다. 그 남자는 그의 호주머니로부터 그의 돈을 모두 꺼내야만 했습니다. 그는 입장권 가격이 그가 생각했던 것보다 훨씬 더 비쌀 것이라는 것을 알지 못했습니다. 한 깊은 침묵이 남편과 아내 사이에 흘렀습니다. 우리는 그가 충분한 돈이 없다는 것을 알아차릴 수 있었습니다. 아이들은 그들의 아버지가 서커스를 위해서 입장권을 살 것이라는 것을 믿었습니다.

주어 + 동사 (+ 목적어) + 전치사 + Be동사 + 비교급 + 명사절 + **조동사**

Paragraph 2

____ ____ ____ ____ ____ ____ ____ ____ ____ ____ ____. ____ was going to ____ ____ ____. ____ ____ ____ ____ ____ ____ ____. ____ ____ ____, "Can I ____ ____ ____ ____ ____ ____ ____ ____ ____ ____ ____ ____?" The woman ____ ____ ____ ____ ____ ____ ____ ____ ____. ____ ____ ____ ____ could ____ that ____ ____ ____. ____ ____ ____ ____ ____ ____ ____ ____, "____ ____ should I ____?" ____ ____ ____ ____. ____ could ____ ____ what ____ ____. The woman ____ ____ ____ ____ ____ ____ ____ ____ ____ voice. ____ ____ ____ ____ trembling ____. ____ ____ had to ____ ____ ____ ____ ____ ____ ____ ____. ____ ____ ____ ____ ____ ____ would be ____ ____ ____ ____ ____ ____ ____. ____ ____ ____ ____ ____ ____ ____. ____ could ____ that ____ ____ ____ ____. ____ ____ that ____ ____ was going to ____ ____ ____ ____ ____ ____.

Go on to the 117 page

Story Writing

Paragraph 3

그 아이들은 그들이 할 수 있는 한 빨리 서커스 천막의 입구로 뛰어갔습니다. 그 남자는 그의 아내를 바라보았습니다. 그의 아내가 그에게 미소를 지었습니다. 그러나 그녀의 눈은 그녀가 당황했음을 나타냈습니다. 그들은 입장권을 살 능력이 없었습니다. 그는 어디를 바라보아야할지 몰랐습니다. 그는 아이들을 바라보았습니다. 그의 아이들은 입구의 앞에 있었습니다. 더욱 더 많은 사람들이 안으로 들어갔습니다. 그는 더 많은 절망감을 느꼈습니다. 그는 그의 아이들에게 이것을 어떻게 말해야 할지 몰랐습니다. 그는 그의 아내에게 말했습니다. "우리는 여기에 오래 머무르지 않는 편이 좋겠어요. 우리는 지금 떠나야 되겠어요." 바로 그때 나는 나의 아버지가 그의 재킷으로부터 무엇인가를 꺼내는 것을 보았습니다. 그것은 나의 아버지의 돈이었습니다. 나의 아버지는 땅바닥에 20달러 지폐 두 장을 떨어뜨렸습니다. 나는 나의 아버지가 왜 그렇게 하셨는지 의아해했습니다. 그것은 우리를 위한 돈이었습니다. 우리는 그 돈으로 우리의 입장권을 사도록 되어있었습니다. 나의 아버지는 그 남자의 어깨를 두드렸습니다. "실례합니다만, 당신이 당신의 호주머니로부터 이것들을 떨어뜨린 것 같군요. 이것들은 틀림없이 당신 거에요. 당신은 서둘러야 해요. 서커스가 곧 시작할거예요." 나의 아버지가 그 남자에게 말했습니다.

주어 + 동사 (+ 목적어) + 전치사 + Be동사 + 비교급 + 명사절 + **조동사**

Paragraph 3

____ ____ ____ ____ ____ ____ ____ ____ ____ ____ ____ as ____ ____. ____ ____ ____ ____. ____ ____ ____ ____ ____ ____, but ____ ____ that ____ ____ ____. ____ were not able to ____ ____ ____. ____ ____ know where ____ ____ ____ ____. ____ ____ ____ ____ ____ ____ ____. ____ ____ ____ ____ ____ ____ ____ ____ ____ in. ____ ____ ____ ____. ____ ____ ____ how ____ ____ ____ ____ ____ ____. ____ ____, "____ had better ____ ____ ____ ____. ____ have got to ____ ____," to ____ ____. ____ ____ ____ that ____ ____ ____ ____ ____ ____. ____ ____ ____ ____. ____ ____ ____ ____ to ____ ____. ____ why ____ ____ ____ ____. ____ ____ ____ ____ ____. ____ were supposed to ____ ____ ____ ____ ____. "____ ____, but ____ that ____ ____ ____ ____ ____ ____. ____ must be ____. ____ have to ____. ____ ____ will ____ ____," ____ ____ ____ ____ ____.

Go on to the 117 page

Story Writing

Paragraph 4

그 남자는 약간 놀랐습니다. 그는 아무 말 없이 그저 나의 아버지의 얼굴을 바라보았습니다. 그는 그것이 그의 돈이 아니라는 것을 잘 알았습니다. 곧 그는 그 상황을 깨달았습니다. 그는 망설였습니다. 그는 그 돈을 받아야할지 말아야할지 생각했습니다. 그 남자는 조용히 나의 아버지의 손을 잡았습니다. 그는 그 20달러 지폐들을 꼭 움켜잡았습니다. 나는 그의 얼굴이 붉어지는 것을 보았습니다. "고맙소, 선생. 나는 당신이 가장 관대한 사람이라고 당신에게 꼭 말해야만 하겠어요. 오늘은 우리에게 아주 특별한 날이었습니다. 당신의 도움은 우리에게 의미가 큽니다. 어떻게 충분히 감사를 드려야할지 모르겠군요. 이것은 나의 가족과 나에게 최고의 선물이 될 겁니다. 비록 나의 아이들은 이 돈이 누구의 돈인지 모르지만, 나의 아내와 나는 절대 이것을 잊지 않을 겁니다"라고 그 남자는 말했습니다. 나는 그의 눈에 눈물이 고이는 것을 보았습니다. 그는 그 돈으로 그 입장권을 살 수 있었습니다. 그는 그의 아이들과 함께 천막 안으로 들어갔습니다. 나는 그 당시에 우리가 부자가 아니었다는 것을 기억할 수 있습니다. 40달러는 우리에게 많은 돈이었다는 것을 나의 아버지는 잘 알고 계셨습니다. 그날 밤 우리는 서커스를 보기로 되어 있었습니다. 그러나 우리는 그것을 볼 수 없었습니다. 집으로 돌아오는 길에 나의 아버지는 그의 따뜻한 코트 속으로 나를 감싸 안았습니다. 그러나 나는 나의 아버지의 코트보다 더 따뜻한 무엇인가를 내 안에 느낄 수 있었습니다.

주어 + 동사 (+ 목적어) + 전치사 + Be동사 + 비교급 + 명사절 + **조동사**

Paragraph 4

___ ___ ___ ___ ___ ___. He ___ ___ ___ ___ ___ ___ ___ anything. ___ ___ ___ that ___ ___ ___ ___ ___ ___. Soon ___ ___ ___ ___. ___ ___. ___ ___ whether ___ should ___ ___ ___ ___ ___ ___ ___. ___ ___ ___ ___ ___ ___ ___ ___ ___. ___ ___ that ___ ___ ___ ___ ___. " ___ ___, Sir. ___ must ___ ___ that ___ ___ ___ ___ ___ ___. ___ ___ ___ ___ ___ ___ ___ ___ ___. ___ ___ ___ ___ ___. ___ ___ ___ how ___ ___ ___. ___ is going to ___ ___ ___ ___ ___ ___ ___. Although ___ ___ ___ ___ ___ whose ___ ___, ___ ___ ___ ___ will ___ ___ ___ ___," ___ ___ ___. ___ that ___ ___ ___ ___ ___ ___ ___ ___. ___ could ___ ___ ___ ___ ___ ___ ___. ___ ___ in ___ ___ with ___ ___. ___ can ___ that ___ ___ ___ ___ ___ ___ ___ ___ ___ ___. ___ ___ ___ ___ that ___ ___ ___ ___ ___ ___ ___ ___ ___ ___. ___ ___ were supposed to see ___ ___, but ___ could ___ ___. On ___ ___, ___ ___ ___ ___ coat, but ___ could ___ ___ ___ ___ ___ ___ inside ___.

Go on to the 118 page

Review Sentence Writing

1   나는 내일까지 이것을 끝내야만 한다.
_____

2   나는 물고기처럼 수영할 수 있다.
_____

3   그는 여자 친구의 숙제를 도와줄 것이다.
_____

4   그녀는 이 체육관에서 (규칙적으로) 운동을 하곤 했다.
_____

5   이번에는 우리가 반드시 이겨야 한다.
_____

6   누가 책임을 질거니?
_____

Word Tips 1. have to, by 2. can, like 3. will help, with, assignment 4. used to, gym 5. have to 6. is going to, responsibility

7   운전자는 안전벨트를 반드시 착용해야 한다.

8   내가 너의 컴퓨터를 사용해도 될까?

9   이것 좀 도와줄래?

10 나는 오늘 병원에 갈 예정이야.

11 우리는 이쪽으로 가는 편이 좋다.

12 당신은 여기에 들어와서는 안돼요.

13 빨간불에 거리를 건너지 말아야 해요.

14 그 학생들은 시험을 위해서 200개의 단어를 외워야 합니다.

Word Tips 7. must wear 8. Can I 9. Would you, with 10. am going to 11. had better, way 12. are not supposed to 13. are not supposed to, at 14. should

15   나는 빈손으로 돌아오지 않을 거야.
_____

16   Tom은 멈추지 않고 3시간을 수영할 수 있었다.
_____

17   내 생각에는 그녀가 그것을 처리할 수 있을 거야.
_____

18   나는 너와 결혼할 거야.
_____

19   네 말을 들었어야 했는데.
_____

20   컴퓨터는 우리의 생활을 편리하게 할 수 있다.
_____

Go on to the 118 page

Word Tips 15. am not going to, with, empty   16. was able to, without   17. think, could   18. am going to   19. had to   20. can, comfortable

Story Word List

문법을 배우고, 배운 문법을 활용하여 글이 되는지 확인했다면, 예문을 통해 외워두는 것이 가장 좋은 방법입니다. 빈 칸을 채우면서 써본 각 Story의 문장을 이해할 수 있도록, 각 Story별로 전개 순서에 따라 제시된 어휘 및 어구의 앞·뒤 내용을 생각하면서 문장을 만들고, 소리 내어 말해 보기 바랍니다.

Story One

went
waited in line
waited for~
their turn
lived in~
Oneida Village
crossed
looked happy
children's parents
held
each other's
ran around
children's father
walked up to~
A woman in the window
How many tickets~
need
ticket booth
told him
ticket price
At that moment
her husband
asked again
How much?
took out~
all his money
deep silence
flowed
did not have
enough money
already
to the gate
looked at~
felt
hopelessness (despair)
Right then
dropped
two twenty-dollar
bills
tapped
~ on the shoulder
Excuse me, but

Hurry up! (Please hurry!)
begins (starts)
soon
father's face
realized
situation
held
father's hand
grabbed
really
meaningful
gift (present)
watery
at that time
(At) that night
did not see
felt
something warm
in my heart

Story Two

stood
in front of
booth
waited in line
talked about
parents
came from (were from)
Despite
cold weather
crossed
each other's hand
ran around
walked up to
window
asked
How many tickets~
for my children
told him
looked at~
with~

a trembling voice
lips
trembled
slightly (quietly)
his money from~
pocket
deep silence
flowed
between~
enough money
already
ran to~
gate (entrance)
gate of the circus tent (the circus gate, the circus entrance, the entrance of the circus tent)
believed
bought
for the circus
felt
hopelessness (despair)
Right then
took out~
from his jacket
dropped
to (on) the ground
tapped the man on the shoulder
said to~
without saying anything (without a word)
realized
situation
held ~ quietly
grabbed
tears
in his eyes
with the money
went in~
with his children
something warm
deep in~
my heart
for

Story Three

was standing
Many people were
already
was waiting
in line
were talking
about~
were from(came from)
a poor village
cold weather
clothes
look expensive
neat
That night(The night)
a special night
asked the man
~do you need?
told him
ticket price
asked again
a trembling voice
How much are~
were trembling
slightly(quietly)
flowed between~
the gate of~
the circus tent
the tickets
for the circus
gate(entrance, circus gate, circus entrance)
Right then
two twenty-dollar bills
to (on) the ground
father's money
tapped the man on the shoulder
dropped
a little(bit)
was surprised
was just looking at~
saying
anything
without saying anything(without saying a word, without a word)
quietly
tightly
turned red
very meaningful(means a lot)
tears in~
went in~
forty dollars was
a lot of money
for(to) us
too
for a long time

Story Four

It was~
the coldest
of the year
more people
than~
we thought
about the circus
didn't look~
the oldest
nearly
as old as~
seemed like~
thoughtful father
two more
looked like~
went wrong
a trembling voice
became~
smaller
a little
louder voice
lips
ticket price
a lot more
each year
ran to~
as fast as~
as they could
smiled at~
showed
embarrassment
More and more
went in(entered)
frustration
my father's money
dropped~
said to the man
a little(bit)
was surprised
much
taller
turned
special
your help
means
the most generous person
the best gift(present)
tears
On the way back~
held me
in his coat
something warmer

Story Five

the coldest winter
that more people than we expected
were there
I heard that~
where they were from(came from)
care
how they lived
The oldest
as old as~
seemed like~
thoughtful
how many tickets

he needed
that he needed six tickets for his children
his wife and himself
went wrong
became smaller
looked like
what he heard
a little
louder voice
What the woman in the window~
took out~
than he thought
noticed
that their father bought the tickets
as fast as~
smiled at~
showed that~
she was embarrassed
where he should look at
frustration
how to tell his children
that my father take out something from his jacket
wondered
why my father did that
money for~
dropped~
knew well
that it was not his money
hesitated
whether he should take the money or not
that his face turned red
want to ~
tell you
the most generous
how to thank you
enough
Although~
whose money it is
never forget

I saw that~
became full of tears
that forty dollars was a lot of money for us
on the way back~
warm coat
felt
warmer than~
inside me

Story Six

said that~
the coldest winter
of the year
could stand
ticket booth(the window)
I saw that~
than we expected
I could hear that~
were going to buy
guess
where they came from
should
from Oneida village
a poor village
used to
bad things about~
care
how they lived
Despite~
had to cross
look expensive
neat
The oldest
looked~
nearly
as old as~
special
walked up to~
asked
how many tickets~

he needed
Can I buy~?
two more
told him
looked at~
I could see that~
went wrong
a trembling voice
How much
should I
pay
became smaller
believe
what he heard
with a little louder voice
were trembling
had to~
take out all
He didn't know that~
would be~
a lot more
than he thought
We could notice that~
as fast as they could
believed that~
tickets for the circus
smiled at~
showed that~
was embarrassed
were not able to~
where he should look at
More and more people
felt
frustration
how to tell this to~
had better not
stay
long
have got to
leave
I saw that~
take something out

dropped~
two twenty-dollar bills
I wondered why
the money for~
were supposed to~
I think that~
must be~
have to~
circus will begin(start)
a little(bit)
surprised
just
without~
He knew well that~
realized
situation
hesitated
whether he should ~ or not
take the money
held~
quietly
grabbed
I saw that~
turned red
I must tell
the most generous
a very special day
Your help
means a lot
how to thank you
This is going to be~
Although~
whose money it is
will never~
forget
became full of tears
He could buy
went in
I can~
remember that~
was a lot of money
were supposed see
we could not~

On the way back~
in his warm coat
I could feel
warmer than~
inside me

Writing Answer?
NO!!
Writing Guideline

하나의 문장은 개인의 문법 지식이나 감각 또는 단어의 선택에 따라 다양하게 번역될 수 있기 때문에 어느 특정 문장이 맞고, 그 이외의 다른 문장을 틀렸다고 말할 수 없습니다. 다만 '더 적절한가?'라는 기준은 있을 수 있습니다. 이곳에 제시된 문장을 Guideline으로 생각하기바랍니다. 여러분이 완성한 문장과 비교할 대상이 필요하므로 제시했습니다.

Story One

Preview the Story Sentence

1. They crossed the river.
2. Children ran around the parents.
3. The woman in the ticket booth said the ticket price to him.
4. The children waited for their father.
5. He felt hopelessness(hopeless, despair).
6. He tapped the man on the shoulder.
7. You dropped these.
8. You gave a meaningful gift to me.
9. I felt something warm in my heart.

Paragraph 1

₁My father and I ₂went there. ₁A family ₂waited in line. ₁The family ₂waited for their turn. ₁The six children and their parents ₂lived in Oneida Village. ₁They ₂crossed the river. ₁The family ₂looked very happy. ₁The children's parents ₂held each other's hand and ₁the children ₂ran around.

Paragraph 2

₁The children's father ₂walked up to the window. ₁A woman in the window ₂asked, "How many tickets do ₁you ₂need?" "₁I ₂need eight tickets," ₁the man ₂said. ₁The woman in the ticket booth ₂told him the ticket price. At that moment, ₁the children's mother ₂looked at her husband. ₁He ₂asked again, "How much?" ₁The woman in the ticket booth ₂said the ticket price again. ₁The man ₂took out all his money. ₁A deep silence ₂flowed. ₁He did not ₂have enough money. ₁The children already ₂ran to the gate. ₁The children ₂waited for their father.

Paragraph 3

₁The man ₂looked at his wife and children. ₁The children ₂looked at their father. ₁He ₂felt hopeless. Right then, ₁my father ₂dropped two twenty-dollar bills and ₂tapped the man on the shoulder. "Excuse me, but ₁you ₂dropped these. Hurry up! ₁The circus ₂begins soon," my father said.

Paragraph 4

₁The man ₂looked at my father's face. Soon ₁he ₂noticed the situation. ₁The man ₂held my father's hand. ₁He ₂grabbed the twenty-dollar bills and ₂said, "Thank you, Sir. ₁You really ₂gave a meaningful gift to me". ₁I ₂saw his watery eyes. ₁We ₂were not rich at that time. That night, ₁we did not ₂see the circus, but ₁I ₂felt something warm in my heart.

Review Sentence Writing

1. ₁My friends and I ₂visited the art gallery.
2. ₁They ₂enjoyed the dinner.
3. ₁I ₂bought a skirt.
4. ₁We ₁made a cake.
5. ₁Our family ₂like traveling.
6. ₁Las Vegas ₂has many interesting places.
7. ₁She ₂needed your help.
8. ₁I ₂hate war.
9. ₁My roommate ₂likes a computer game.
10. ₁I ₂respect my father.
11. ₁Marsha ₂called her parents.
12. ₁Sara ₂did the dishes.
13. ₁We ₂have an extra time.
14. ₁Christie ₂studied British English.
15. ₁Who ₂knows the answer?
16. ₁My father and I ₂bought concert tickets.
17. ₁The man ₂sold this.
18. ₁I ₂played the piano.
19. ₁He ₂said nothing.
20. ₁I ₂love a warm weather.

Story Two

Preview the Story Sentence

1. A family waited in line in front of us.
2. The children's father walked up to the window.
3. The man took out all his money from(in) his pocket. The man took out all of his money from(in) his pocket.
4. A deep silence flowed between the husband and wife.
5. You dropped these from your pocket.
6. I saw tears in his eyes.
7. He bought the tickets with the money.

Paragraph 1

My father and I stood in front of the ticket booth. A family waited in line in front of us. The children of the family talked about the circus. The six children and their parents came from Oneida Village. Despite the cold weather, they crossed the river from their village. The family looked very happy. The children's parents held each other's hand and the children ran around their parents.

Paragraph 2

The children's father walked up to the window. The woman in the window asked the man, "How many tickets do you need?" The man said, "I need six tickets for my children and two tickets for my wife and me." The woman in the ticket booth told him the ticket price. At that moment the children's mother looked at her husband. The man asked again with a trembling voice, "How much?" The woman in the ticket booth said the ticket price again. The man's lips trembled slightly. The man took out all his money from his pocket. A deep silence flowed between the husband and wife. He did not have enough money. The children already ran to the gate of the circus tent. The children believed their father bought the tickets for the circus.

Paragraph 3

The man looked at his wife and looked at the children. The children waited for their father in front of the gate. He felt hopelessness. Right then, my father took out two twenty-dollar bills from his jacket and dropped them to the ground. My father tapped the man on the shoulder. "Excuse me, but you dropped these from your pocket. Hurry up! The circus begins soon," my father said to the man.

Paragraph 4

The man looked at my father's face without saying anything. Soon he realized the situation. The man held my father's hand quietly. He grabbed the twenty-dollar bills and said, "Thank you, Sir. You really gave a meaningful gift to my family and me." I saw tears in his eyes. He bought the tickets with the money and went in the tent with his children. We were not rich at that time. That night, we did not see the circus, but I felt something warm deep in my heart for a long time.

Review Sentence Writing

1. Many people live in the world.
2. I found an interesting book at the book store.
3. I met her in the class.
4. I often listen to a quiet music at home.
5. My grandfather went to the hospital across the street.
6. I had a cramp during the movie.
7. I avoid talking with my mouth full.
8. He had a promise with me.
9. People like the fancy restaurant down the street.
10. Who sent the card to me?
11. Our short-term memory stores new information in 7 seconds.
12. The accountant noticed a mistake in the account book.
13. Julia won the first prize in the tournament.
14. Some students had a scholarship with a medal.
15. California has a nice weather (all) through the year.
16. I left my purse in the bus.
17. Many people made a reservation for the show.
18. It pollutes the air around us.
19. I have something for your birthday.
20. We learned this through the trial and error.

● Story Three

Preview the Story Sentence

1. I was standing in front of the ticket booth(the window) with my father.
2. Many people were already there.
   There were already many people.
3. They were from(came from) Oneida Village.
4. That night(The night) was a special night for them.
5. The man's lips were trembling slightly(quietly).
6. The children were in front of the gate.
7. This is a big gift to(for) me.
8. Forty dollars was a lot of money for(to) us, too.
   Forty dollars was also a lot of money for(to) us.

Writing Guideline 113

Paragraph 1

I was standing in front of the ticket booth with my father. Many people were already there. A family was waiting in line in front of my father and me. The children of the family were talking about the circus. The six children and their parents looked very happy. They were from Oneida Village. At that time Oneida Village was a poor village. Despite the cold weather, they crossed the river from their village. Their clothes didn't look expensive, but they were clean. The children were all neat. That night was a special night for them.

Paragraph 2

The children's father walked up to the window of the ticket booth. The woman in the window asked the man, "How many tickets do you need?" "I need six tickets for my children and two tickets for my wife and me," the man said. The woman in the ticket booth told him the ticket price. At that moment the children's mother looked at her husband. The man asked again with a trembling voice, "How much are the tickets?" The woman in the ticket booth said the ticket price again. The man's lips were trembling slightly. The man took out all his money from his pocket. A deep silence flowed between the husband and wife. He did not have enough money. The children were already running to the gate of the circus tent. The children believed their father bought the tickets for the circus.

Paragraph 3

The man looked at his wife and looked at the children. The children were in front of the gate. Right then, my father dropped two twenty-dollar bills to the ground from his jacket. That was my father's money. My father tapped the man on the shoulder in front of him. "Excuse me, but you dropped these from your pocket. Hurry up! The circus will begin soon," my father said to the man.

Paragraph 4

The man was a little surprised. The man was just looking at my father's face without saying anything. Soon he realized the situation. The man held my father's hand quietly. He tightly grabbed the twenty-dollar bills. His face turned red. "Thank you, Sir. This is a big gift to me. This is very meaningful to me. You are really giving an unforgettable gift to my family and me." the man said. I saw tears in his eyes. He bought the tickets with the money and went in the tent with his children. We were not rich at that time. Forty dollars was a lot of money for us, too. That night we did not see the circus, but I felt something warm deep in my heart for a long time.

Review Sentence Writing

1. Are you doing well in your company?
2. What are you guys doing back there?
3. I am planning for a vacation.
4. She is preparing a meal for her children.
5. I was waiting for you then.
6. The phone in the lobby is ringing.
7. My watch is saying 2:30. How about yours?
8. The final examination is coming.
9. They are having an important meeting.
10. I am getting late for the class.
11. The question is confusing the students.
12. The prices are declining.
13. The two companies are competing in the foreign market.
14. The woman is crying for joy.
15. We were playing badminton after class.
16. The doctor is seeing a patient now.
17. The dog was chasing a cat.
18. They are looking for a bilingual.
19. Someone is smoking in this floor.
20. The food is getting cold.

Story Four

Preview the Story Sentence

1. It was the coldest winter of the year.
2. More people than we thought were there.
3. The oldest looked nearly as old as I was.
4. I need two more tickets.
5. His voice became smaller.
6. The ticket price was a lot more expensive than he thought.

7. More and more people went in (entered).
8. I felt something warmer deep in my heart for a long time.

Paragraph 1

It was the coldest winter of the year. I was standing in front of the ticket booth with my father. More people than we thought were there. A family was waiting in line in front of my father and me. The children of the family were talking about the circus. The six children and their parents looked very happy. They were from Oneida Village. At that time, Oneida Village was a poor village. The children were all dressed alike. Despite the cold weather, they had crossed the river from their village. Their clothes didn't look expensive, but were clean. The children were all neat. The oldest looked nearly as old as I was. That night was a special night for them.

Paragraph 2

The children's father walked up to the window of the ticket booth. He seemed like a thoughtful father. The woman in the window asked the man, "How many tickets do you need?" "I need six tickets for my children and two more tickets for my wife and me," the man said. The woman in the ticket booth told him the ticket price. At that moment the children's mother looked at her husband. Something went wrong. The man asked again with a trembling voice, "How much are the tickets?" His voice became smaller. The woman in the ticket booth said the ticket price again with a little louder voice. The man's lips were trembling slightly. The man took out all his money from his pockets. The ticket price was a lot more expensive than he thought. A deep silence flowed between the husband and wife. He did not have enough money. The children believed their father bought the tickets for the circus.

Paragraph 3

The children ran to the gate of the circus tent as fast as they could. The man looked at his wife. His wife smiled at him, but her eyes showed her embarrassment. He looked at the children. The children were in front of the gate. More and more people went in. He felt more frustration. Right then my father dropped two twenty-dollar bills to the ground from his jacket. That was my father's money. My father tapped the man on the shoulder in front of him. "Excuse me, but you dropped these from your pocket. Hurry up! The circus will begin soon," my father said to the man.

Paragraph 4

The man was a little surprised. The man just looked at my father's face without saying anything. He was much taller than my father was. Soon he realized the situation. The man held my father's hand quietly. He tightly grabbed the twenty-dollar bills. His face turned red. "Thank you, Sir. Today was a very special day for us. Your help means a lot to us. You are the most generous person. You are giving the best gift to my family and me," the man said. I saw tears in his eyes. He bought the tickets with the money and went in the tent with his children. We were not rich at that time. Forty dollars was a lot of money for us, too. That night we did not see the circus. On the way back home, my father held me in his coat. I felt something warmer deep in my heart for a long time.

Review Sentence Writing

1. This picture is more expensive than that picture is.
2. Mine is larger than yours is.
3. Your writing is much more excellent than before.
4. Which one is prettier?
5. September is the busiest season.
6. My sister cooks better than I do.
7. She is the tallest girl in the class.
8. I got the highest score in the midterm exam.
9. The more you study, the more you will understand it.
10. The faster, the better.
11. I like the cheaper one.
12. It cost more money than we thought.
13. My boyfriend is the most attractive man in the world.
14. The weather is colder than the average year is.
15. The line becomes longer than a minute ago.
16. The book has more pictures in it than this one does.

17. I need more money for the travel to Europe.
18. He looks healthier than others does.
19. This explanation is simpler and easier than the other explanation is.
20. This one sounds better.

Story Five

Preview the Story Sentence

1. People said that it was the coldest winter of the year.
2. I heard that the children were talking about the circus.
3. I knew where they came from.
4. We noticed that he did not have enough money.
5. He knew well that it was not his money.
6. I saw that his eyes became full of tears.
7. I remember that we were not rich at that time

Paragraph 1

People said that it was the coldest winter of the year. I was standing in front of the ticket booth with my father. I saw that more people than we expected were there. A family was waiting in line in front of my father and me. I heard that the children were talking about the circus. The six children and their parents looked very happy. I knew where they came from. They were from Oneida Village. At that time, Oneida Village was a poor village. People did not care how they lived. Despite the cold weather, they crossed the river from their village. Their clothes didn't look expensive, but were clean. The children were all neat. The oldest looked nearly as old as I was. That night was a special night for them.

Paragraph 2

The children's father walked up to the window of the ticket booth. He seemed like a thoughtful father. The woman in the window asked how many tickets he needed. The man said that he needed six tickets for his children and two more for his wife and himself. The woman in the ticket booth told him the ticket price. At that moment, the children's mother looked at her husband. It looked like something went wrong. The man asked again with a trembling voice, "How much are the tickets?" His voice became smaller. He didn't believe what he heard. The woman in the ticket booth said the ticket price again with a little louder voice. The man's lips were trembling slightly. What the woman in the window said surprised him. The man took out all his money from his pockets. He didn't knew that the ticket price was a lot more expensive than he thought. A deep silence flowed between the husband and wife. We noticed that he did not have enough money. The children believed that their father bought the tickets for the circus.

Paragraph 3

The children ran to the gate of the circus tent as fast as they could. The man looked at his wife. His wife smiled at him, but her eyes showed that she was embarrassed. He didn't know where he should look at. He looked at the children. His children were in front of the gate. More and more people went in. He felt more frustration. He didn't know how to tell his children. Right then I saw that my father take something out from his jacket. That was my father's money. My father dropped two twenty-dollar bills to the ground. I wondered why my father did that. It was the money for us. My father tapped the man on the shoulder. "Excuse me, but I think that you dropped these from your pocket. Hurry up! The circus will begin soon," my father said to the man.

Paragraph 4

The man was a little surprised. He just looked at my father's face without saying anything. He knew well that it was not his money. He hesitated whether he should take the money or not. Soon he realized the situation. The man held my father's hand quietly. He tightly grabbed the twenty-dollar bills. I saw that his face turned red. "Thank you, Sir. I want to tell you that you are the most generous person. Today was a very special day for us. Your help means a lot to us. I don't know how to thank you enough. You are giving the best gift to my family and me. Although my children don't know whose money it is, my wife and I will never forget this," the man said. I saw that his eyes became full of tears. He bought the tickets with the money and went in the tent with his children. I remember that we were not rich at that time. My father knew well that forty dollars was a lot of money for us. That night we did not see the circus. On the way back home, my father held me in his warm coat, but I felt something warmer than my father's coat inside me.

Review Sentence Writing

1. Do you know that you have a talent?
2. I know where she bought her shoes.
3. I thought why the teacher was angry.
4. I want to know how he did it.
5. I want to know how she is studying English.
6. You said that you wrote this.
7. He noticed that someone was following him.
8. I remember where we had a car accident.
9. He heard why he was chosen.
10. He wants to know what was happening.
11. He thought that he was late for the meeting.
12. Everybody agrees that we should not smoke.
13. I don't remember where I left my book.
14. He explained how he survived.
15. The scientists realized that the global warming caused that tsunami/a tidal wave.
16. I understand why you are upset.
17. The manager recognized that we are losing our steady customers.
18. I recall that I saw her in your pictures.
19. They discovered where the tomb is.
20. I know that you know something.

● Story Six

Preview the Story Sentence

1. People used to tell bad things about the Village.
2. He was going to buy the tickets.
3. The man had to take out all his money from his pockets.
    The man had to take all of his money out of his pockets.
4. He was not able to buy the tickets.
5. We had better not stay here long.
6. These must be yours.
7. We will never forget this.
8. We were supposed to see the circus.

Paragraph 1

People said that it would be the coldest winter of the year. I could stand in front of the ticket booth with my father. I saw that more people than we expected were there. A family was waiting in line in front of my father and me. I could hear that they were talking about the circus. The six children and their parents were going to buy the tickets for the circus. They looked very happy. I could guess where they came from. They should come from Oneida Village. At that time, Oneida Village was a poor village. People used to tell bad things about the Village and did not care how they lived. Despite the cold weather, they had to cross the river from their village. Their clothes didn't look expensive, but were clean. The children were all neat. The oldest looked nearly as old as I was. That night should be a special night for them.

Paragraph 2

The children's father walked up to the window of the ticket booth. He was going to buy the tickets. The woman in the window asked how many tickets he needed. The man said, "Can I buy six tickets for my children and two more for my wife and me?" The woman in the ticket booth told him the ticket price. At that moment the children's mother looked at her husband. I could see that something went wrong. The man asked again with a trembling voice, "How much should I pay?" His voice became smaller. He could not believe what he heard. The woman in the ticket booth said the ticket price again with a little louder voice. The man's lips were trembling slightly. The man had to take out all his money from his pockets. He didn't know that the ticket price would be a lot more expensive than he thought. A deep silence flowed between the husband and wife. We could notice that he did not have enough money. The children believed that their father was going to buy the tickets for the circus.

Paragraph 3

The children ran to the gate of the circus tent as fast as they could. The man looked at his wife. His wife smiled at him, but her eyes showed that she was embarrassed. They were not able to buy the tickets. He didn't know where he should look at. He looked at the children. His children were in front of the gate. More and more people went in. He felt more frustration. He didn't know how to tell this to his children. He said, "We had better not stay here long. We have got to leave now," to his wife. Right then I saw that my father take something out from his jacket. That was my father's money. My father dropped two twenty-dollar bills to the ground. I wondered why my father did that. It was the money for us. We were supposed to buy our tickets with that money. My father tapped the man on the shoulder. "Excuse me, but I think that you dropped these from your pocket. These must be yours. You have to hurry. The circus will begin soon," my father said to the man.

Paragraph 4

The man was a little surprised. He just looked at my father's face without saying anything. He knew well that it was not his money. Soon he realized the situation. He hesitated. He thought whether he should take the money or not. The man held my father's hand quietly. He tightly grabbed the twenty-dollar bills. I saw that his face turned red. "Thank you, Sir. I must tell you that you are the most generous person. Today was a very special day for us. Your help means a lot to us. I don't know how to thank you enough. This is going to be the best gift to my family and me. Although my children don't know whose money it is, my wife and I will never forget this," the man said. I saw that his eyes became full of tears. He could buy the tickets with the money. He went in the tent with his children. I can remember that we were not rich at that time. My father knew well that forty dollars was a lot of money for us. That night we were supposed to see the circus, but we could not see it. On the way back home, my father held me in his warm coat, but I could feel something warmer than my father's coat inside me.

3. He will help his girlfriend with her assignment.
4. She used to exercise in this gym.
5. We have to win this time.
6. Who is going to take the responsibility?
7. Drivers must wear a seat bolt.
8. Can I use your computer?
9. Would you help me with this?
10. I am going to go to the hospital today.
11. We had better go this way.
12. You are not supposed to enter here.
13. You are not supposed to cross the street at the red light.
14. The students should memorize 200 words for the test.
15. I am not going to come back with an empty hand.
16. Tom was able to swim 3 hours without stopping.
17. I think she could handle it.
18. I am going to marry you.
19. I had to listen to you.
20. Computers can make our life comfortable.

Review Sentence Writing

1. I have to finish this by tomorrow.
2. I can swim like a fish.